DR CYJ（鄭鎔池）

用胜肽拚出300億身價

二〇〇一年，那年我三十歲，在韓國創立了 CAREGEN。二〇一五年，公司股票就要在韓國上市。從十多年前五人的小公司到現在一百多人的企業，現在能到達這裡，我知道自己很努力之外，也堅持著信念。

Chapter I

我吃過很多苦，從正面的角度或說從目前的結果來看，這一切的苦是好的，訓練成今天的我。有時候我的挫折感很大，壓力大到我幾乎無法入睡，但我也不知道該如何停止，因為如果不繼續做下去，回過頭還能做什麼呢？

Chapter II

把研究應用在實際生活 43

創業初期，我和同伴們在未知中摸索，當時韓國對於胜肽、生長因子的資料都不多，我們也沒有專業設備與器材，所有的一切，只能依靠自己念過的書、研究過的資料、網路查得的資料，一步一步，慢慢的在黑暗中前進……

Chapter III

一步一腳印，從海外紅回韓國 57

我就這樣一直走在研究的路上，雖然孤獨，但在我眼中所看見的風景，卻總是耀眼而稀奇。

Chapter IV

Chapter V

Chapter VI

CAREGEN是由「CARE」+「GENE」兩個英文單字而來。GENE是基因（DNA），它代表著人類最小單位的組成。CAREGEN想傳達的是，關心著每一個人。這是我人生最大的願望，也是我一直在努力不懈的目標。

【推薦序】

重複的事用心做就是贏家

雙和醫院皮膚科主任醫師 李婉若

「簡單的事重複做就是專家，重複的事用心做就是贏家。」這句話很多人都聽過，但真正能實踐的人卻不多，鄭鎔池博士就是實踐者之一。

拜讀完 **DR CYJ** 創辦人鄭鎔池博士的自傳書，我對於他想利用最單純的成份「胜肽」來做許多研究感到十分新奇。

對於皮膚科醫師而言，胜肽是保養品成分、是單純的東西，但若仔細研究其實很不簡單。胺基酸是組成蛋白質的最小分子，而胜肽是由2～50個胺基酸鏈組成。首先，要在成千上萬的胺基酸分子中找到最有效的胜肽組合，就是件不簡單的事。其次，這些胜肽要進入人體不被破壞，也是一門學問。

康乃爾大學生物分子博士鄭鎔池先生，在他韓國的實驗室裡，光是從事以上研究，就耗費了十三年的時間，我相信一定經歷許多重複再重複的單調過程，如今不僅將研究商品化，還是許多國際大品牌的重要供應商，在他的領域裡已可稱得上是贏家。

我想要推薦給讀者的，就是這種努力不懈的態度。

在這本書中，可以看到鄭鎔池博士如何設定目標，進而努力實踐的過程，以及鍥而不捨追求成功的精神，不論你現在幾歲或者什麼身分，這樣的精神都值得學習。

【推薦序】

從 1500 萬到 300 億的傳奇

佳醫集團執行長 陳啟修

在佳醫集團工作超過二十年，因為代理工作的關係，接觸的生技公司不計其數，有的是百年企業，有的是新創公司，各別以他們的科技或行銷通路打下一片天。

韓國 CAREGEN 公司總裁鄭鎔池年輕有為，才四十四歲，學養俱佳。從美國西北大學生化博士學成後，靠借貸來的一千多萬台幣創業，和四十多位博士級研究團隊，經過十三年的時間努力，已經成為全世界主要化妝品集團的生長因子及胜肽原料的最大供應商；公司的市值於二〇一五年股票上市後，預估將達三百億台幣。像鄭博士這樣的成就，在我二十多年的工作經歷中，並不多見。台灣社會最近一直在檢討博士們在學校所學或研究，和市場需求嚴重脫節，而鄭鎔池博士的故事，實可為我們學習參考。

CAREGEN 公司的核心技術，是所謂的 Biomimetic 的科技；用小分子量的胜肽結構，透過新技術，模擬出蛋白質、酵素才能產生的生理效果。CAREGEN 研發的胜肽產品不但人體吸收容易，使效果更顯著，產品易於保存。更重要的是，他們研究的胜肽可以成為載體，結合已經證實有效的藥物化學，可降低藥劑使用量且達到更高的效用。除了在健髮、生髮產品外，將來會陸續推出降血脂肪、美白、降血糖等產品；就好像 Apple 手機一樣，他們銷售的不只是手機，而是一個平台。胜肽只是一個平台，未來可以不斷開發出革命性的產品，可預見 CAREGEN 公司在鄭鎔池博士的帶領下，必定潛力無窮。

和鄭鎔池博士接觸的過程中，看著他在全世界的醫療展奔波，一年參展二十次以上，回到韓國的家中，又能靜心地思考產品設計及公司的策略，動如脫兔，靜如處子，令人佩服，也推薦大家欣賞及了解他的創業過程。

【推薦序】

胜肽生髮為生髮市場帶來新契機

皮膚科醫師 簡銘成

從事皮膚科臨床工作及植髮經驗多年，深深感受到落髮患者的困擾，因為不是每個人都想持續使用藥物，也不是每個患者都能接受植髮。我希望針對初期落髮的民眾，提供一個效果溫和、無副作用的產品。

首次接觸到鄭鎔池博士時，就對他在全球擁有一百四十多種「胜肽專利」感到驚喜。於是我花了一點時間，詳細閱讀他的研究及提出的實驗數據；發現鄭博士在生髮這個領域，真的下了很大的功夫，實驗過程也非常嚴謹。

後來有機會親自到韓國參訪，並且針對產品進行為期四個月的臨床測試；結果讓我相當興奮，鄭博士的胜肽生髮技術，不但可以使髮根強健、頭髮濃密，甚至有停止落髮的效果，受益最大的無疑是飽受落髮困擾的民眾。

很謝謝鄭博士邀請我為這本書寫序，讓我能第一時間了解他是如何一手打造CAREGEN公司，成為全球最大生長因子與胜肽供應商；也對不含藥「胜肽生髮」技術有更詳細清楚的資訊。所以我推薦有落髮困擾的你，透過本書對於胜肽生髮有進一步了解，進而找到適合自己的生髮治療方式。

鄭博士突破性的「胜肽生髮」技術值得期待，也期許能為生髮市場帶來新契機！

前言

2001 年，那年我 30 歲，在韓國創立了 CAREGEN。
2015 年，公司股票就要在韓國上市。
從 13 年前 5 人的小公司到現在 100 多人的企業，
現在能到達這裡，我知道自己很努力之外，
也堅持著信念。

這本書是希望將我的經驗分享給想要創業，以及正在創業的朋友們。

二〇〇一年，那年我三十歲，剛從美國結束博士後研究，決定回到韓國創業，因此跟朋友創立了CAREGEN公司，這是一家專門研發胜肽和生長因子的生物科技公司。預計在二〇一五年，公司成立十四年後，股票在韓國證券市場上市。從十多年前五人的小公司到現在一百多人的規模，很多人或許會認為，我無論在念書、工作、創業……都一路順遂，而我想說的是，我的人生沒有一路順遂這件事，我唯一比別人多的是堅持與耐心，以及面對「困難」的態度。

我來自韓國南部小漁村的一個平凡家庭，不是在所謂人生勝利組裡面，回首創業初期篳路藍縷，寒冬的下雪夜一個人在舊工廠做研究；好不容易東西做出來了，還要一個人拎著公事包、搭飛機，到處參展和各國的公司老闆介紹產品；我還記得每當有客戶向我下訂單，我都會非常的興奮，但是當時公司的規模很小，禁不起任何一筆倒帳，所以我很積極但也謹慎緊抓住每個機會。

現在能走到這裡，我知道除了自己很努力之外，更堅持著信念，再加上一些好運氣。成功不會憑空而降，你一定要竭盡所能、拚了命的去努力爭取。同時還需要犧牲很多，比如和朋友玩樂的機會、和家人的相聚時光，以及必須忍受一個人的孤獨和承受著巨大的壓力，因為公司營運的成敗關係著員工和他們家人的生計。我也感謝我的妻子、小孩、家人，因為我的工作繁忙，他們全力支持我，也獨立不讓我操太多的心。

在產品研發的壓力之餘，我還要不斷的充實自己在管理與財務上的專業，時時關心各國經貿與產業的趨勢與變化，每天戰戰兢兢，才能使公司走在對的路上。

很多人問過我，遇到挫折或打擊的時候怎麼辦？

我的回答通常很簡單：遇到問題，就想辦法去解決它吧。

我也會做錯誤的決策，但對於我來說，失誤是往正確方向的指引。

這是我在實驗室做研究多年得來的經驗，碰到不對，就修正一下，調整一下，再試一下，再不對，就再思考，再修正、再調整、再試一下，反覆的實驗、測試，再測試、實驗……終究會找到一個最適合的答案。很多科學的研究與發明都是這樣來的。

就像古羅馬哲學家塞內卡（Seneca）說的，「克服困難的條件一直都很簡單，我們只需努力一下，堅持一下，永遠保持信念，並且絕不回頭。」

因著這個信念，我希望跟我的團隊持續追求及發展最領先的分子生物技術，目前我們擁有一百多個專利，這個成績讓我們在化妝品產業居於領先地位，並且擁有良好的聲譽。

CAREGEN強調不用藥、不增加人體負擔，因此我們專注於小分子蛋白質「生長因子」、「胜肽」的研究。未來，我們仍將持續原有的研究優勢，使用最單純的事物讓世界更美好。

Chapter I

Background

鄉下出身的胜肽博士

我吃過很多苦，從正面的角度或說從目前的結果來看，
這一切的苦是好的，訓練成今天的我。
我承認，有時候我的挫折感很大，
壓力大到讓我幾乎無法入睡，但我也不知道該如何停止，
因為如果不繼續做下去，回過頭還能做什麼呢……

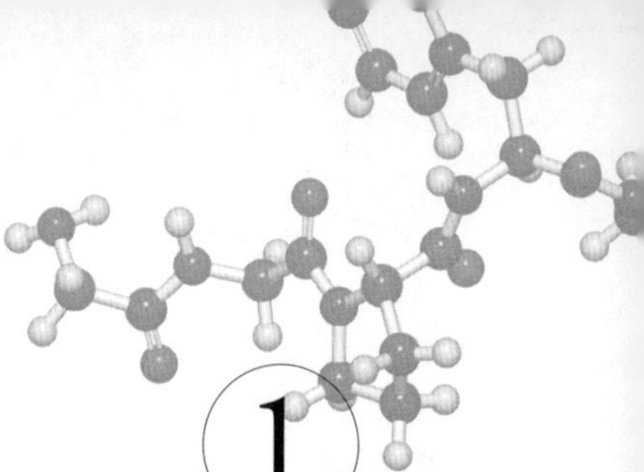

1 視野，靠自己開創

大量的閱讀，彷彿是一種動力，趨使我想知道更多未知的事情。

一九七〇年，我出生在韓國海南郡（해남군）的一個平凡家庭。

海南郡是大韓民國全羅南道最南端的一個郡，坐落於頭輪山靈峰腳下，三面環海，擁有山清水秀的自然風光。在這個距離首都首爾八小時車程的偏遠海港小鎮，實在沒有太多的娛樂。

個性內向的我，童年生活中最大的娛樂就是閱讀。書中描述的世界將我帶離了現實的小村落，讓我對很多事物產生了好奇心，也開啟了我對村落以外世界的想望。

大量的閱讀，彷彿是一種動力，趨使我想知道更多未知的事情。即使到現在工作繁忙，我還是會抽空閱讀，比如搭飛機的空檔，閱讀各國的財經、產業等雜誌，使自己隨時能掌握世界動脈。

自小到大的習慣閱讀，我想分享給大家的是，大量的閱讀除了能使自我的能力不斷成長與充實之外，對於自己的未來絕對有很大的助益，在閱讀的當下，可能還未能感受到，但之後這種影響會慢慢浮現出來。許多書本裡傳達的專業知識或人物企業的傳記，都對我的研究工作和經營公司有很大的助益，也都是很好的經驗參考值。

父親早逝，手足感情更親密

我是家裡最小的孩子，家境雖不寬裕，但一家和樂，哥哥姊姊們也都很疼愛我。我的童年生活無憂無慮直到六歲那年，父親忽然因病過世。雖然家裡有了大變動，但媽媽和兄姊們很快的撐起一切，代替父親繼續守護著我們的家。尤其是大哥，就像父親一樣，呵護照料著我們這些弟妹們，也為了分擔母親的辛勞，提早出社會工作，一起分擔家計。

對我來說，一直以來全家人如同坐在一艘船上，大哥就是船長，當遇到風浪時，船長便指示各級船員，依照每位船員的個性與專才，做出最正確的行動，然後一次又一次安然度過危機。

當時年幼的我，知道自己不能幫忙家計，便想在其他方面不讓家人操心。念小學時，我在課業上比別人努力，也比同齡的小孩多了一份成熟與冷靜，所以即使碰到困難或麻煩的事，我也都自己想辦法解決，我想這應該是我當時能為家人做的最大努力。

因此，我從小就習慣凡事靠自己，希望自己能趕快獨當一面，並不斷的朝這個目標前進；比如，在學業上，我努力用功拿獎學金；在工作上，我獨資創業。一路以來，大哥總是在我的身邊鼓勵我，並站在非常客觀的角度分析事情；也時常警惕我，教我許多做人的道理。

大哥是我的強力靠山，所以在往後遇到任何困難時，第一個商量的對象總是大哥。縱使有些事情大哥不能直接給我解答，但是在每次求助於他的過程中，他總是能引導我一步步去觸及問題的核心，讓我更確認下一步進行的方向。所以，大哥對我來說是一盞明燈，亦師亦友，他總是鼓勵我要認真念書，有朝一日出人頭地，回饋家人及社會。人家說長兄如父，我大哥的確彌補了很多父親不在的失落，而大哥的這些期許不僅讓我更有勇氣，也更能專心在學業中求進步。

無論是年少要離家到首爾念大學時、或是要到美國念碩士時、甚至要離開穩定的研究工作去創業時，大哥總是會給我正確的建議。他的意見，對於我來說，不僅是支持與鼓勵的力量，更能幫助我確定自己想法。直到現在，當有大事需要做決定時，我仍會去詢問大哥的意見。

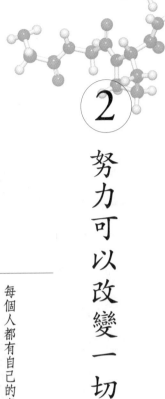

2 努力可以改變一切

每個人都有自己的專才與長處，及早找到自己的興趣，才能培養專業素養及確定自己的方向。

現在回想起來，父親的早逝並沒有擊垮我們一家，反而使我們兄弟姊妹間的感情更親密。也許是這樣的成長背景，讓我相對早熟，跟其他小朋友比起來，多了一份穩重。不知情的人可能覺得我就像外表般，是個溫吞的乖乖牌，但事實上，我是個容易煩惱的孩子，腦袋瓜裡總會思考著，如果事情沒有朝好的方向發展怎麼辦？

就像小時候在學校，我運動神經欠佳，不擅長體育運動，一到體育考試時總讓我頭皮發麻，就怕自己遠遠地落後大家。但是，與生俱來的那股「自尊」與「骨氣」，卻告訴自己絕對不能輸，為了防止最壞的結果發生，我決定不管過程有多艱難，都要拚盡全力去做，不擅長的運動就努力練習、練習、再練習。

英文有句諺語叫做：「No pain, No gain」，只要努力就一定會有成果。我不願意讓自己被人貼上「失敗」的標籤。靠著這股毅力堅持下，無論是投籃也好、跑步也罷，終究沒有成為吊車尾的那一個；也讓我堅信，不管什麼事情，努力做、下苦功就對了。

我這種「拚命」的想法，其實並不是為了贏得別人的讚美，我只是想向別人證明自己的能力，也證明能不斷突破自己的極限。

這是一種不服輸的態度，我一路努力打拚至今，現在，我可以很肯定的說：「努力，一定可以改變一切。」

及早培養自己的專業素養

經營公司多年下來，我觀察到每個人都有自己的專才與長處。這也是為什麼我總是鼓勵年輕人大量閱讀，因為在閱讀中，你很容易會發現自己的興趣在哪裡，無論是社會、科學、人文各方面，找到自己的興趣，才能及早培養自己的專業素養及確定自己的方向。

拿我自己為例子來說，小時候，課餘時間我最常去的地方是圖書館，因為裡面的書涵天蓋地，可以解答我腦中五花八門的問題，上至天文下至地理，從科學理論到社會現象，所有問題都能從書中找到答案。

我閱讀的內容相當多元，有文學小說、歷史故事、卡通圖書，甚至有一段時間，非常熱衷於閱讀偉人傳記故事，比如愛因斯坦、愛迪生等科學家的故事。這些科學家們總是從一個小想法開始，發展到最後變成改變全人類生活的發明，讓人類生活變得更好、有更多無限可能。

從那個時候開始，我跌進他們的發明世界，不僅深深著迷，還迫不及待的想要了解得更多。

每當我自己在書中找到了答案，就多了一絲滿足，因為這代表我對這世界上的知識又多了一點了解。俗話說，「知識就是力量」，這句話真是一點也不假，正因為你知道得愈多，你腦中的知識庫就會轉變成為你創意的來源，刺激你有更多不同的發想。

升上中學，科學自然而然成為我最感興趣的科目，當時我所有的零用錢都是拿去買和科學相關的課外書籍或雜誌。

我從書中了解這些偉大的科學家們如何去創造新的東西，同時也開始思考，自己以後到底能做什麼？是不是有一天，我也能發明可以改變現今人類生活的東西？這個想法至今仍在我心中揮之不去。

我很喜歡思考這些難題，每當我愈投入其中，絞盡腦汁反覆思考，到最後終於獲得解答，那一刻，就像卡在心中的迷霧豁然開朗般，那種成就感是其他事物無法比擬的。

更重要的是，我非常享受這個過程，甚至在這一來一往的過程中，還能慢慢培養出對自己的自信，讓自己一步一步穩穩踏在求知的路上。

現在回想起來，我對科學的興趣與熱情，在那時就已經萌芽，並期望自己有一天也能像書中那些偉大的科學家一樣，找出更多新發現，讓世界有天會因為我的某項發明而變得更美好。

3 赴美求學，打開了我世界

大家都要找到對工作或對生活的熱情，同時不斷的去探索。有了熱情與目標，過程都不會是困苦的。

一九九〇年，我進入韓國成均館大學（Sung Gyun Gwan）自然科學類組的基因工程系（Genetic Engineering）就讀。離開了海南小鎮，來到首爾這個大都市，我的生活除了偶爾跟同學外出吃飯之外，絕大多數時間還是花在念書上。

上大學，讓我覺得最開心的事，是自己終於有機會可以親自操作實驗。這真的讓我覺得非常有趣，因為實驗的成果，可以決定後續的研究方向，這些技巧能夠幫助我進一步釐清根本問題，直到發現解答。我對於科學的領域，不僅有了更深一層的了解；加上是自己喜歡的學科，所以讀起來更是得心應手。

大學四年，我像海綿一樣，在專業的領域上，不斷在充實自己，不只是教授指定的教科書，更會特別去尋找國外的生技報導；時間一久，我發現國外擁有的資源與發展，在許多方面都比韓國先進。如果我想要在這個行業領先，應該要到國外去看看真正專業的研究是怎麼進行的。

一九九四年，我從成均館大學畢業，拿到了基因工程學士學位，照常理，我的家境不是很好，一般人的邏輯會想儘快進入社會賺錢分擔家計。但我卻想繼續念書拿碩士學位。而且，我想出國念書，我認為美國擁有更多更好的環境與資源。

當我和家人朋友說這個計畫時，很多人都不贊成。一來家裡沒有多餘的錢，二來當時大多數的前輩們都建議我，碩士時期先在韓國就讀，攻讀博士時再去美國，這樣未來回韓國比較容易找工作。因為韓國民風保守，對於輩分的關係相當嚴謹，對每位師長或前輩都特別尊敬；對於升學之路，也會盡量請益並聽從身邊長輩們的意見。

但我心底有個聲音告訴自己，去做自己想做的事吧。加上遠在海南的大哥很支持我，要我相信自己的選擇及判斷。為了更專精這領域，就算前輩們並不認同，我也決定飛向未來，一探那高深殿堂裡的知識。

確定目標，勇往直前

一九九四年，靠著獎學金，我到了美國德州聖安尼（University of Texas, San Antonio），這裡的人、文化、環境，對從小在韓國小漁村長大的我來說，完全是另一個世界。但同時更開闊了我的視野、我的世界。在這裡，我遇見來自世界各國的同學，每個人都很優秀；這或許就是天外有天，人外有人。

美國的教育環境非常開放，擁有自己的想法顯得非常重要，必須要有自己的思考主軸後，才能向下發展你的研究。也因此，大量的閱讀資料便是此時我的重要課題。但是，哪那麼容易呢？不但研究領域更加深入，再加上英文並非我的母語，所有資訊在腦中的轉換過程，實在是難以用言語形容。

對於所有的外國留學生來說，我想這都是一道必須努力跨越的高牆；但我依舊樂在其中，並不覺得辛苦，甚至還

1995 年，在聖安東尼大學的 DR.RENTHAL 實驗室。

想把所有知識像吸塵器般全吸收到自己腦子裡。但時間不斷追趕著，我只能花費更大的心力去克服這難題。

小時候我只知道自己很愛念書也很會念書，來到美國念碩士之後，這裡的環境才真正打開了我的學習之門；就像「學無止盡」這句話，愈是精深，愈發現自己的不足。新研究、新發現、新理論，在這裡，一切資訊就像爆炸後的火焰般朝我直衝包圍，資料多到好像怎麼看都看不完；所以我下定決心，規定自己每天至少要讀三篇英文論文。那幾年，我時常在圖書館念書念到半夜，然後一個人在寒夜中走回宿舍。

但我覺得唯有這樣做，才有機會與全世界的科學菁英們站在一起，並從中找出自己的路。我從那些成千上萬的資料中，慢慢發展出自己的研究主軸，並於此同時繼續吸收新知，以便讓最新的資訊在腦中持續更新。

在做研究的過程中，我更確認自己想要做什麼；原來在研究的過程中，我可以得到那麼大的喜悅，這就是我一直在尋找的路，就是心底的那個聲音。

所以一九九六年，我從聖安東尼大學畢業，拿到了 Univ M.S. 生物化學碩士，決定繼續留在美國，到康乃爾大學攻讀分子生物學的博士學位；研究與乳癌基因相關的題目，這也是後來影響我創業與研發產品的關鍵。

在拿到第一個博士學位後，我接觸到許多生長因子與胜肽的研究，這麼微小的物質，居然可以給人類帶來許多重要的轉變，實在是相當不可思議！而且當時學術界對於這方面的研究相當少，從這麼多學說及數據來看，我想這些物質一定還有更為驚人的用途。於是，我便以此為契機，開始深入研究。只是連我自己也沒想

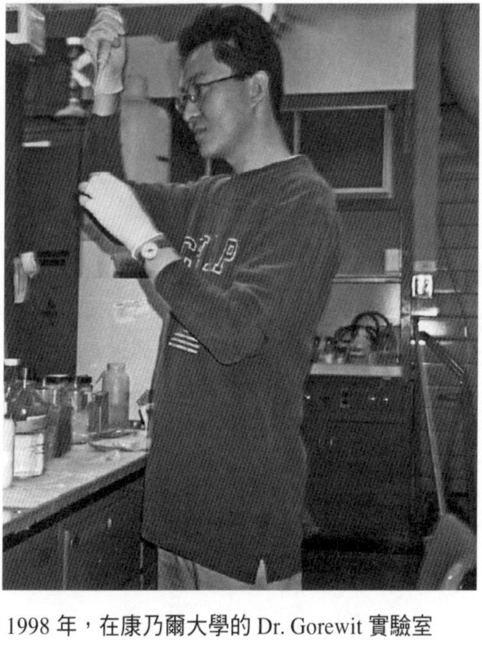

1998 年，在康乃爾大學的 Dr. Gorewit 實驗室

到，這種想法日後竟會大大改變了我、甚至是全人類的生活。

現在回想起在美國念書的那幾年，雖然過程辛苦，但也因為優異成績而都能申請到獎學金做為在美國的開銷，不需要像其他留學生那樣辛苦地半工半讀。這段時間內，我只有偶爾在閒暇時，跟朋友輕鬆地喝喝酒、吃吃飯，剩下的時間都待在實驗室與圖書館內，長假時更是如此。

我的想法很單純，覺得自己花了這麼多錢來這裡讀書，就不應該把時間和金錢浪費在玩樂。「Even have money I don't know how to spend.（就算有錢我也不曉得怎麼花）」

我只是一直專心的做我應該要做的事。

我分享這段歷程給大家，是希望大家都要找到自己對工作或對生活的熱情，同時不斷的去探索。有了熱情與目標，過程都不會是困苦的。

就像古羅馬哲學家塞內卡（Seneca）說的：「不是因為事情困難，而讓我們不敢做；是因為我們不敢做，事情才變得困難。」

2000 年 5 月，在康乃爾大學校園。母親特地從韓國到美國參加我的畢業典禮。

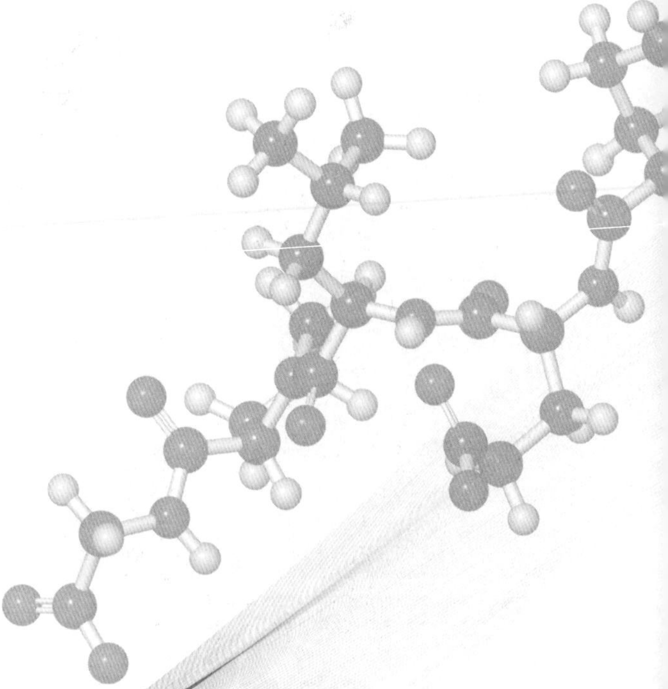

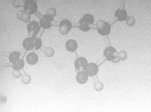

Chapter II

Challenge

把研究應用在實際生活

創業初期，我和同伴們在未知中摸索，
當時韓國對於胜肽、生長因子等資料都不多，
我們也沒有錢買專業設備與器材，
所謂的研究室不過就是一間工廠的舊址，
所有的一切，我只能依靠自己念過的書、研究過的資料、網路查得的資料，
一步一步，慢慢的在黑暗中前進……

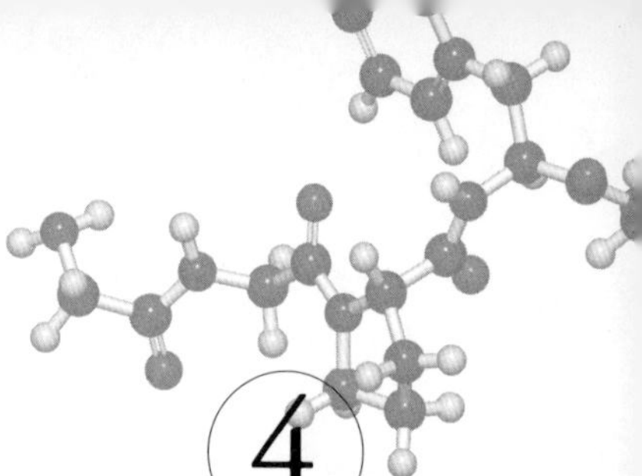

4 離開舒適圈，冒險創業

> 隨時不安於現狀，才會突破與創新，這是從小到現在我用來激勵自己前進的力量。

二〇〇一年，我轉到美國西北大學做博士後的研究，主攻乳癌基因研究。在實驗室做研究，可說是一件最簡單也最複雜的事，因為「等待」是最漫長也最簡單，結果卻是最複雜也最令人難以駕馭。

也許因為這樣，長期下來，我培養了無與倫比的耐性與耐心。

雖然我很喜歡也享受研究的過程，但是天天在實驗室中，研究的結果只能成為一張一張的報告或論文；當時身邊的朋友大多留在校園當教職，或是持續做著研究工作。這些朋友明明擁有非常卓越的想法，但卻少了冒險精神，去做一些很特別、非循規蹈矩的事情，而是選擇待在實驗室做研究，過著安穩生活。

安穩的日子不是不好，只是這是我想要的生活嗎？往後也要這樣在實驗室中度過嗎？我想起自己的初衷，從過去到現在，我學習了這麼多，為的就是希望有一天自己的研究可以在現實的生活被應用，更大的夢想是，可以幫助社會或讓世界更美好，而不是在實驗室裡做研究寫報告。

我開始思考走出實驗室的可能性，但離開了舒適的實驗室之後，我能做什麼呢？思考了一段時日，我決定回韓國創業。

有了想法之後，我先和大哥商量，這些年雖然我們兄弟分開兩地，他一直還是我背後最大的支持者與最佳顧問。當時大哥在韓國開設冷凍系統設備公司，營運狀況還不錯，大哥以他的經驗分析，他覺得創業對當時有穩定研究工作的我來說是一個大冒險，如果我真的想創業，他也建議我可以先到外面的大企業上幾年班，歷練與了解公司的運作。

我向他說明我的想法，我從海南小漁村的鄉下，一路努力念到美國的康乃爾大學博士班，這期間有形的、無形的社會資源，讓我學得了這麼多的知識，我不想待在安穩舒適的實驗室，而是想將我的所學貢獻出來，替這個社會做些什麼。

韓國有一位知名的企業家柳一韓（DR.Yu il-Han，유일한）先生是影響我很深的一個人。柳一韓先生是韓國第一家藥品公司的經營者，但他並不像一般企業家以營利為導向，而是站在民眾的角度，研發並生產了相當多品項的藥品。他把經營公司視為一種社會責任，認為企業的經營與社會繁榮有關。而他死後不僅把公司賣給政府，還創立基金會，把他這生所賺的錢全部回饋給社會。

我認為唯有創業，跳脫出舒適圈，才能做自己真正想做的事，發揮自己的所長來回饋社會。我知道這會是一條艱辛的路，但面對挑戰，才能激發自己的鬥志，隨時不安於現狀，才會想突破與創新，這是從小到現在我用來激勵自己前進的力量。

想好了就行動

我一向是個行動力很強的人，一但做了決定，就勇往直前。於是在最短的時間內，處理好並結束美國的研究工作，帶著大哥資助我的五十萬美金，返回韓國展開我的創業之路。

但這一切要從哪裡開始？沒有研究室、實驗器具、研究原料……一連串的問題，在公司還不知道在哪裡時，就迎面等待著我。

首先，得先有實驗室才能開始一切。在韓國租購房屋時需要支付頭期款，當時首爾郊區最便宜的工廠約莫要價二萬美金，不是我能負擔的，最後選定位於韓國京畿道軍浦市金盞洞的一間舊廠房。這間廠房的前身是一間鞋子的加工廠，公司剛搬進去時，地板上還留有許多強力膠的痕跡，比較像是工廠而不是實驗室。儘管環境條件不好，但我當時沒有其他選擇，在扣除必要設備後，我的資金已經所剩不多。

有了研究室，接著找來兩位在康乃爾大學一起念書的好朋友共同合作，就這樣三個人在舊廠房中開始了CAREGEN的第一步。

雖然研究室的環境不好，但是三個人都鬥志高昂，且對未來充滿了期望，這種跨出夢想第一步的開心真是溢於言表。

我們第一個研發的產品是檢測乳癌的生物晶片，但是一個產品都賣不出去，因為技術太過先進，韓國政府訂不出相關標準來判定生物晶片的準確性。公司面臨倒閉危機，我只好將研發方向轉向當時最熱門的生長因子產品，設法先讓公司存活下來。

當時「生長因子（Growth Factor）」這個名詞相當流行，在產業界也很常被應用；我在博士班研究乳癌相關的基因，因此對生長因子的應用有一定程度的了解。

困難緊接著又來了！

生長因子非常昂貴，一公克的價格就要五十萬美金，我們根本沒有那麼多的經費去採購原料來做研究。

三個人像被困住了，在原地打轉，前進與後退都兩難。

我思考著自己的初心，離開實驗室創業，就是希望能研發出有益社會大眾的產品。我們沒放棄生長因子研究，但同時也在思考有沒有更好的物質可以取代它。

於是我們回過頭去，再將所學、所研究過的資料重新讀過，終於發現一個非常適合的物質——胜肽。

但實驗的過程卻不如我們預期的順利，加上研究室的設備不夠齊全，也沒有足夠的經費申請認證來說服買家，我們胜肽產品的效果。

我們一直像在黑暗中往前走，六個月之後，卻仍看不見出口的亮光。

我們的經費已經快要用盡，實驗的結果仍舊沒有起色。在經濟壓力等許多因素之下，兩位好朋友向我提出了想要離開的念頭。我很震驚也很難過，但當時我真的無法給他們任何承諾，只能尊重他們的意願。我慶幸的是，至今，我們三人仍是很好的朋友。

不可否認，這件事的確打擊了我好一陣子，有一種更加孤立無援的感覺，但我知道這條路我還是要繼續走下去。

2001 年，我從美國回到首爾創業、結婚。

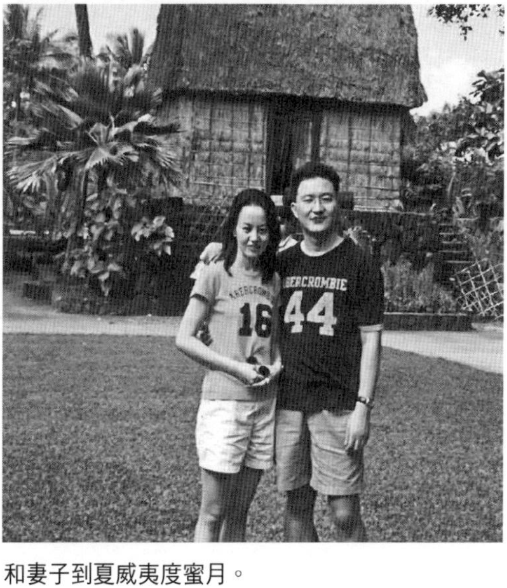

和妻子到夏威夷度蜜月。

5 堅持信念，等待最好的機會

遇到問題就去解決它，堅信自己的選擇。自信而謙卑的做好每個階段的事。

剩下我一個人時，我依舊每天八點就到公司，做實驗、紀錄研究報告、找更新的論文，目的就是如何讓更多的人知道我的產品。很多人會覺得很奇怪，沒有產品要賣什麼。但我的想法是，如果我等到產品研發成功才去想怎麼賣它，那麼就會晚了好幾步。

我的經驗是，經營企業一定要設想好下一步、下二步，替未來佈局好，才能領先在前。

就這樣，我每天八點進公司，待到半夜才離開。我沒有想過放棄，因為我知道，我有機會靠著這個事業成功，而且一定會成功。因為唯有成功才能帶給家人幸福，唯有成功才能讓跟著我一起打拚的員工盡情投入工作，且沒有後顧之憂，這才是我追求的目標。

二〇〇二年以前，胜肽只有在實驗室裡被拿來做測試，沒有人拿來運用在實際的產品中。我不斷的研究與實驗，就是希望能找到更好的胜肽組合將之運用在保養品中，因為胜肽在皮膚的吸收度，比生長因子的效果好。

直到二〇〇三年，實驗才有了突破，我終於利用獨家的生物模擬技術，找到最佳的胜肽組合，可以運用在抗老化領域。直覺告訴我，這是一個非常龐大的商機。

那一刻，我像在黑暗的隧道中，走了一段好漫長的路，終於看見了出口的光。

那一晚，我一個人走在寒風大雪中，天很黑，但我看得見光亮。氣溫很低，我的心很熱，悸動與興奮是無法用言語形容的。

實驗結果雖然有突破，但我知道還不是開心的時候，接下去才是關鍵，得找到願意合作的廠商，產品才能推展得出去。我知道此時還不能鬆懈，下一步，必須要讓更多人看到我的商品才行。

回想這段過程，的確十分困難而茫然，因為初期並不知道到底該如何走，終點在哪裡？但一如我一直以來的信念，遇到問題就去解決它；然後堅信自己的選擇，努力去做；儘管可能會跌倒、會繞遠路，只要不放棄，任何問題一定都能克服。

自信而謙卑的做好每個階段的事，這是我想分享給大家的經驗。

Chapter III

Patience

一步一腳印，從海外紅回韓國

我就這樣一直走在研究的路上，雖然孤獨，
但在我眼中所看見的風景，卻總是耀眼而稀奇。
有時我覺得自己像是個園丁，在花園中撒下不同種子；
我不知道它們會不會開花結果，但是我總是為它們做好各種防護，
每天固定為它們澆水、施肥，希望未來有一天，
它們能為我開上一朵世上獨一無二的花，
那我便是世上最富有的園丁了。

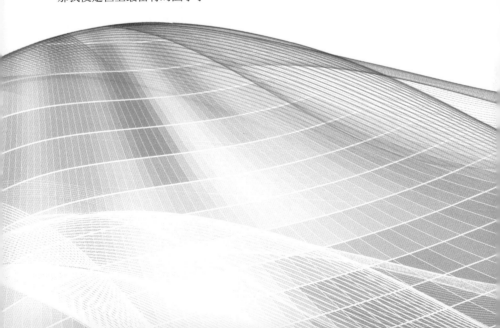

6

機會是給準備好的人

我常想著一句話「機會是給準備好的人」，所以我總是讓自己處在最好的狀態。

賣商品不像做研究容易

二〇〇三年，我利用生物模擬技術，研發出可運用在抗老化領域的最佳胜肽組合，接著，就是讓自己的研發受到認可，期望能找到合作廠商進行大量生產，讓研究正式邁向商品化。

於是，我利用各種不同的管道，積極地接觸好幾家韓國知名的保養廠商，向他們推薦我所研究的胜肽技術，不論是在保養品或在改善落髮都有卓越的成效。

大家已經了解生長因子的效果，而我們的技術竟可以將模擬蛋白質片段的胜肽，效果變得與生長因子一樣好，這絕對是一種新的突破，所以我對自己的研究一直極具信心。

沒想到，卻一直沒能獲得任何一家廠商的青睞。因當時我只能提出自己的研究報告，沒有多餘的經費將研發成果送到認證單位，也就拿不出認證書來做背書；因此有些廠商雖然對我的研發很有興趣，但仍因此有所疑慮。

訂單、資金是一家公司的生存命脈，時間流動得很快速，我知道我沒有時間等待下去，也沒有時間難過或抱怨為什麼大家都看不到這麼好的研發。

這條路走不通，那麼就轉彎吧。

我分析韓國的醫美產業雖然興盛，也帶動大量的保養品需求，但製造商所使用的原物料卻有99％是從歐美進口。

我立刻決定，如果國內不行，那麼就走出去吧。確定好下一步，我隨即著手查詢收集各國與化妝品原料相關的展覽日期，不論展覽規模的大小，我都積極參加，希望在國際廠商中多爭取一點露面的機會。

我相信只要多接觸一個廠商，就能為自己多爭取一次機會。

一卡皮箱闖天下

從二〇〇三到二〇〇七年，我就這樣不停歇地往返韓國和世界各地，參加各式各樣和化妝品原料相關的展覽；盡力讓自己的產品能有最大的曝光度。但由於我研究的生物分子技術，並不是在展場的短暫時間能解說清楚，除非對方已有專業的知識背景才能很快了解我的研發。

雖然我不厭其煩地一再向來訪的客戶解釋說明，我研發的獨特性和成效，但仍有很大的困難，就跟我在韓國國內被拒絕的理由一樣，我缺乏資金去申請相關認證，使得很多廠商雖然對產品有興趣，但仍有所猶豫，所以一直無法談成交易。

但這些國外廠商對我很友善，即便我的公司規模小，卻會主動詢問是否需要提供幫助，這點讓我感到相當感動也很感謝。如果當時沒有他們親切地對我伸出援手，公司或許不會這麼快走到企業的規模。

這些過程雖然挫折不斷，但還是沒能使我怯步。因為我對自己的研發有信心，也明白廠商的心；如果我是買家，儘管我對產品有興趣，但在缺乏有力的機關背書之下，應該也會有所猶豫。

所以展覽之後，我會更積極的去和有興趣的廠商一再接洽，電話聯繫說明、網路寄數據驗證資料，甚至對方公司遠在地球的另一端，我也想辦法讓自己隔天就坐在對方辦公室，親自向他們說明我的研究。

我常想著一句話「機會是給準備好的人」，所以我總是讓自己處在最好的狀態。機會，終有來臨的一天。而且並沒有讓我等太久。

二〇〇三年，我不斷帶著樣本到各個國家做展示。當時有一位俄羅斯的博士對我所研發的生長因子有興趣，希望我可以提供一些樣本給他帶回去測試。也就是，藉由他們公司內部更高階的器材去證實我的研發。

有些人可能不願意把自己的發明提供給別人，但我卻覺得這反而是一個好機會，如果廠商能協助我，提供更專業的數據，就能提高我研發的價值。

於是，我便將樣本提供給那位博士，請他帶回俄羅斯做測試；並希望他測試完後，可以提供給我一份關於樣本的實驗室報告。有了這些報告輔助，讓其他客戶親眼看見確切的數據證明，對於新事業的起步肯定有加分作用。

循著這個模式，後來我再遇見有興趣但仍有疑慮的客戶，便會主動提起請

2007 年，曼谷，第一屆亞洲美容與抗老醫學

2007，巴黎，化妝品原物料國際展

他們幫忙做實驗，然後與我分享檢驗報告。就這樣我開啟另一個契機，用這些客戶們做的數據，去說服另一些客戶。

在等待這些研究報告的日子，心裡其實是忐忑的，但是每當我看到世界各地的夥伴寄給我的報告時，都能證明自己的研究的確是獨特且有效的，就更有信心再往下走。

久而久之，我與這些國外夥伴們建立了深厚的情感，也很感謝他們願意毫無所求的相信我、幫助我，肯用心了解我的研究跟產品，為我做了實驗後，對我說聲：「你的東西真的很不錯。」有這一句肯定的話語，對當時的自己來說，就是一股貫穿全身的豐沛能量，支持著自己毫不猶豫地繼續向前走下去。

回顧起這一段歷程，我想分享給大家的是，積極的行動力很重要之外，無時無刻，都要記得相信別人並站在別人的角度，有這樣的同理心與開闊的態度，就能為自己帶來莫大的成長與學習。

2007，摩那哥，抗衰老醫學世界大會

2007，巴黎，美容與抗老醫學展

2008，新加坡，亞洲化妝品大展

2009，美國舊金山，美國皮膚科學會

2007，中國廣州，亞洲醫學開發展

2013 巴黎，醫療美容展

2013 亞洲化妝品大展

2014，美國拉斯維加斯，國際美學、化妝品及 SPA 會議

7 將產品推向全世界

當我們試圖走一條新的路，沒有前人的經驗可依循時，難免會害怕，會挫折，會想轉身往回走，但如果你不往前走，就不會看到盡頭的秀麗風景；所以努力勇往直前吧。

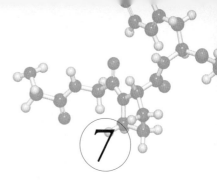

與台灣建立第一個合作情感

在繞著地球跑，不斷地參展，讓產品的曝光率達到最大之下，我的研究開始引起一些國際廠商的興趣，主動詢問我研究內容的人增多了；而真正找到第一個合作夥伴，是從一通網路電話開始。

對方透過公司網站連繫到我，我有些意外，因為我從未接觸過這個人，也沒有印象在哪個展場見過他。對方向我自我介紹，他姓謝（Hsieh），來自台灣，是一位博士，所以後來我都直接稱他DJ。不過DJ並不是詢問我的產品，而是原料之一的生長因子。

我很訝異，因為在當時，還沒有很多人知道什麼是生長因子，不僅不知道該如何使用，價格也十分高昂；但DJ卻直接向我表示，希望能購買我的生長因子，並做成保養品出售。後來我才知道，DJ博士在學校時，原先是主修細胞癌的研究，後來因故跳到保養品的行業，所以才知道生長因子這種原料。細胞癌跟保養品是兩個完全不同領域，但DJ卻一直在找創新的東西，希望能改變這個世界走向更好。我們雖然來自不同國度，但創業背景相似，理念相近，相談甚歡，因而我與台灣結下奇妙的緣分。

另一個與台灣的緣分，是專注醫療健康領域的佳醫集團。我在一次會展中認識集團總裁傅輝東先生和執行長陳啟修先生，在看過我的實驗數據後，他們對我的產品非常認同，而且投入大量資源來支持我的產品，於是成為我全球第一個共同投資的伙伴。

比起交易的價格，我更開心那種「終於有人能了解我」的感覺。透過與台灣的交流，我發現台灣是個很科技化的國家，在醫美科技、電子產業等方面都很發達，許多企業都很關注與追蹤國外在做什麼樣的發明及產品，很有遠見也敢創新。

和台灣朋友的合作讓我獲得非常大的成就感，覺得自己終於跨過了一直阻擋在前方的那道牆。大家在寒冬中帶給我一把希望的火苗，讓人感到溫暖。就像是古希臘哲學家亞里斯多德說過的：「真正的朋友是異體同心。」

我希望大家在職場上，也要盡力去找到這樣的夥伴，是自己尊重的對象，信念相同，彼此鼓勵，一同前進，這樣的夥伴也是能激發我們潛力的人，讓我們能更快速達到目標。

和各國的大老闆洽談，又開啟了我另一個世界

真正使研發成果獲得蓬勃發展的契機，是二〇〇五年一次歐洲的化妝品原料展。展覽照例聚集了世界各地頗具規模的廠商，相對於其他大企業或大廠商，我只租到了一個小小的空間，我知道攤位大小並不重要，必須藉由這個機會讓更多人發現CAREGEN的潛力與產品的價值，才是最重要。

受限於攤位空間，我們只帶了很簡單的簡介小冊子跟樣本展示，沒想到卻意外地受到大家的注目。許多人擠在我們公司的攤位前，想了解更多關於CAREGEN的研發內容。

這一年透過這個展覽，我認識了許多更有地位及聲望的朋友，之後更透過這些人的幫忙，逐漸打進歐美的廠商，讓CAREGEN的商品正式在歐美販售。

我開始聽見許多認同的聲音，不只贊同，還對我深具信心。這一直是我期待已久的、夢想的一刻。

接下來的幾年，我陸續與歐洲的許多公司談定合作內容，我更有信心把胜肽應用在各類產品上。

營收使公司穩定成長，實驗團隊也愈來愈多人加入。我從谷底一躍而上，我不敢說我有多成功，但是我確實已經走在成功的路上。甚至後來由於一些國外廠商的推薦，我的研究又重新受到韓國本地的關注；而這也代表著，我正與歐美頂尖大廠站在同一線，地位也不再被質疑了。

直到現在，我仍然跟著員工到世界各地參展，並堅持自己站在公司展場的櫃位，親自為來訪者解說。很多人都說，我已經是CEO了，不用親力親為，一天站十個小時很累人。

但我的工作主力是研發產品，如果不站在第一線去親自了解客戶的需求，要如何去改進我的產品呢？唯有了解客戶的需要，知道自己必須要解決哪些問題，才不會無頭緒的走冤枉路。記得在國際新聞中，看過中國創業家馬雲說過，每當阿里巴巴的工程師和產品設計師開發出新產品，他都會試用，如果他不會用，那天下八〇%的人跟他一樣不會用，這項商品馬上就被刪掉。所以，阿里巴巴把產品做得非常簡單，就是要讓客戶能簡單使用。事實證明，他和客戶站在同一端，是致勝的關鍵。

截至目前為止，CAREGEN跨國合作的廠商超過一百三十個。這個成果證明了我一路以來所做的一切，都是對的。我唯一慶幸的，是我沒有停滯不前，更沒有放棄。

我想分享給大家的是，當我們試圖走一條新的路，沒有前人的經驗可依循時，難免會害怕，會挫折，會想轉身往回走，但如果你不往前走，不會看到盡頭是高山或是大海的秀麗風景；所以努力勇往直前吧。

AUG 11 2006

MAR 25 2008

來自土耳其、日本、香港、馬來西亞、台灣等世界各國的買家。

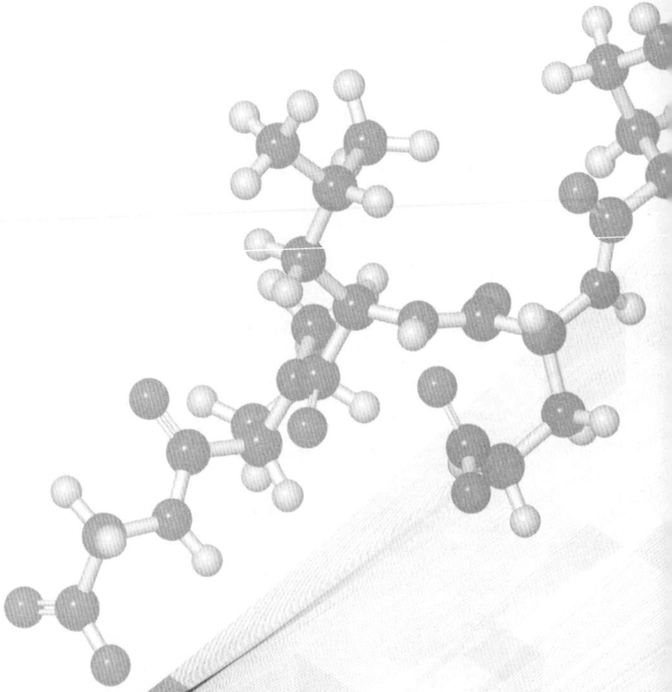

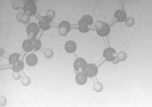

Chapter IV

Administration

以人為本的經營理念

在某些程度上，我是嚴厲的老闆。
每天我會到研究室走一走，看看研發的進度，發想問題。
第二天開會時，將相關的問題丟給他們，請他們去找答案；
我希望我的問題會引發他們更多的思考，
我們再共同研發這些答案的可能性。
這是激勵或說是壓力，也是互相成長。
一來，我在後面敦促他們往前走。
二來，我希望他們能跟上我的腳步，不斷前進。
員工和我是共同體，這樣公司才能不斷往前走。

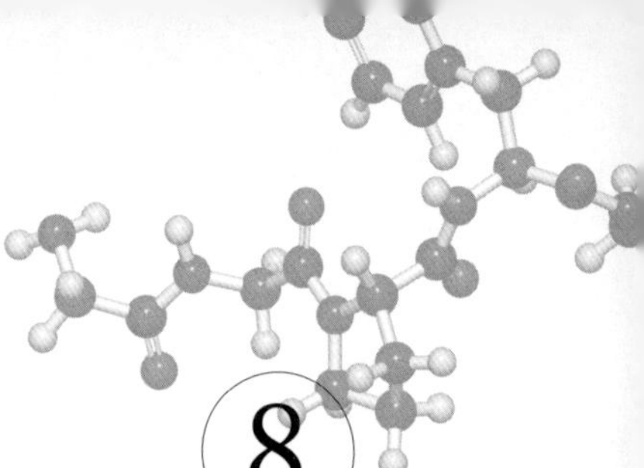

8

優秀團隊是一家公司成功的本質

不論你創業、或上班、打工都必須清楚且明瞭自己的目標是什麼，從其中找到樂趣和自己可以發揮專長的地方，讓公司和你自己能互為所用，才能雙贏。

公司剛創立時，只有不到五個人，整天關在研究室做實驗，緊盯著實驗後所產生的大量數據，當時工作的環境並不是很好，但這些員工並沒有埋怨設備不夠或環境悶熱狹小，很辛苦的竭盡所能做好每一件事。我很感念當時他們為公司付出的一切，所以當公司營運有營餘時，第一件事就是將公司遷移，提供他們一個更舒適的工作環境，同時儘量提供他們各類家庭或經濟上的補助。因為我希望他們能全心投注在工作上，不用再為家庭經濟等其他問題所困擾。

這些一路陪著公司茁壯的員工就像是我的家人，無怨無悔的付出，他們為公司付出的時間與精力遠大於我給予的，這些情誼是我覺得最感動、最珍貴的東西。新產品研發階段，大家都會自動留下來加班，希望研究能多些進展，產品能早些研發成功之外，也會主動思考產品在業界如何獨樹一幟，讓公司更快達成營運目標。

我外表看似堅強，除了父親過世時，幾乎沒有哭過的記憶，但這並不表示我不會感到難過悲傷。工作上的挫折不會擊倒我，反而會讓我更有勇氣繼續向前。我會感到難過的唯有跟家人、朋友之間的關係是否和諧愉快。所以在創業那幾年來，只要有員工決定要離開公司，我會一直不斷問自己，是不是因為公司沒有給他們可以想像的未來，所以他們才決定要離職？我真心對待每位員工，把他們當成是自己的家人，實驗做錯了沒關係，下次不要再犯就好，畢竟人都要從錯誤中學習、修正，才能持續進步。

CAREGEN是一家研發公司，一直在Research and Design，也就是必須創造新產品，公司才能持續往前走。這十三年來，研究室從最初的二、三人，發展到現在已有四十五位研發人員，大家都有著一致的目標，產品不但要創新且更要精益求精。

企業同時背負著社會責任，這些員工之於我就像是家人，我希望的不只是要讓這家公司更好，還要讓員工更好、更開心，才是我所追求的成功事業。

把人才放在對的位置

從五人的小公司到現在百人的企業，其中除了產品本身的獨特性，人才也是我看中的關鍵。許多員工都覺得我嚴肅且不苟言笑，對他們也很嚴厲，因為除了工作之外，我總是給他們許多額外的功課。比如，剛加入公司研究團隊的員工們，我要求他們每人一天至少要讀一篇與研發或新產品有關的論文。因為我自己是過來人，我知道這樣做對他們的研究技巧跟創意都會有所進步。我希望透過不斷的腦力激盪與研究室內的最新器材，讓他們可以從思考與實作雙管齊下，成為一個更好的研究員。

同時我會觀察每個員工的特質，比如有人的個性沉穩、思考內斂，是幕僚型；有人積極行動、反應靈敏，是業務型；有人思想創新，是研發型；我希望能把他們都放在正確的職位上，讓他們發揮所長。

我公司裡有一個女職員Miss Kim，才三十三歲就已經是公司的經理級主管，也是公司的核心決策者之一。她從韓國的一般大學畢業，二十多歲時就進到公司。一段時間之後，我發現她很上進，常留在公司整理資料，自己進修和工作相關的書；也很認真地聽從我的建議，每天閱讀至少一篇和公司產品或正在研發的相關論文。慢慢的，開會時，她可以提出有自己見解的意見，也能參與一些簡單的實驗工作。但是因為她的學歷限制，公司的研究人員大多是國外留學回來的博士或碩士生，她有些微的自卑感。

我鼓勵 Miss Kim 再去進修，公司會以補助的方式，讓她在職進修。於是 Miss Kim 聽從我的建議，申請漢陽大學進修碩士課程，我請熟識的教授特別關照她。有課的時候，她早上七點進公司，九點去上課。下午上完課，又回公司繼續工作。她努力且上進，回到家總是半夜二、三點，然後隔天又繼續同樣的行程。她努力但不叫苦，有潛力且保持良好的工作態度。

後來她順利完成碩士學位，直到現在，儘管公司和她之間並沒簽訂任何合約，她都沒有離開過 CAREGEN。Miss Kim 在公司這十一年來，我看著她一路踏實且一步一腳印的成長走來，我知道沒有人可以一蹴可及，成功最重要的永遠都是自己的態度，與堅持下去的勇氣。

我想跟大家分享的是，天下沒有不勞而穫的事，你必須付出才能有所收穫。當然首先你必須先找到對這份工作的熱情。不論你創業、或上班、打工都必須清楚且明瞭自己的目標是什麼，從其中找到樂趣和自己可以發揮專長的地方，讓公司和你自己能互為所用，才能雙贏。

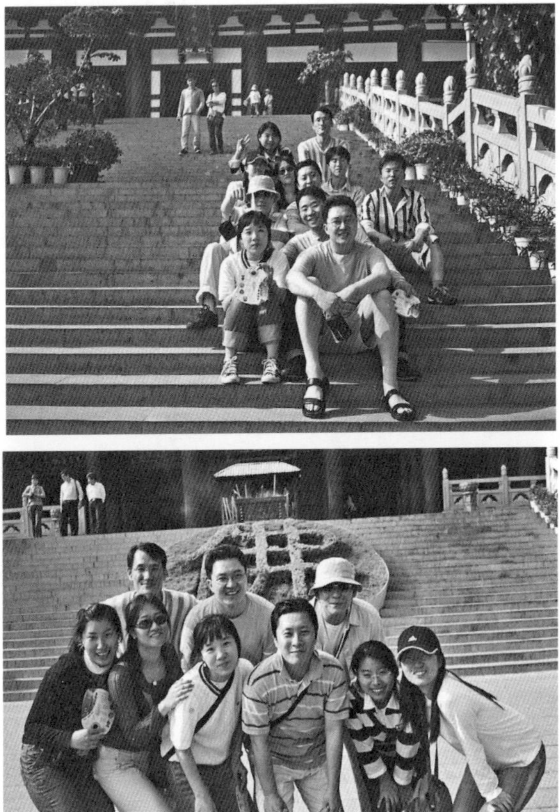

鄭鎔池博士與 CAREGEN 員工合影

9

創新，來自於十分鐘的腦力激盪

「向大自然學習謙卑。」一個經營者最怕的是志得意滿，一定要時時培養自己有遠見、開放的心、包容的力。

我要求公司的研究員，如果沒辦法做到每天都研讀研究報告或資料，一週至少要讀兩篇論文，每週五在公司內部開一個小的發表會。除此之外，還要他們每個月再從這些想法中提出自己的創意。這也是訓練，我希望他們多思考，才能創新與研發。

我每天會在他們下班之後，到實驗室走一走，看看研究的進度，發想問題。第二天開會時，將前一晚發想的相關問題丟給他們，請他們去找答案；或討論有沒有機會做新的研發。

這是激勵或說是壓力，也是互相成長。通常我會要求他們先給我一個初步的想法，這樣我才能幫他們試著轉換為可執行的、更大的計劃。有些人個性比較害羞，或是內心還有點猶豫，不確定自己的想法是不是好的，所以不太敢說出口。但我總會想辦法引導他們發言，然後抓取他們的點子。我希望我的問題會引發他們更多的思考，我們再共同研發這些答案的可能性。其實很多時候，大部分的員工都已經知道解決方法，只是他不曉得原來自己已經有解決的方法。我常透過討論來引導員工們，激發出解決之道；只要討論出一些眉目，再加入一些我的個人意見，讓員工知道可以怎麼做，這樣通常問題就能迎刃而解。

一來，我在後面敦促他們往前走，二來，我希望他們能跟上我的腳步，不斷前進。員工和我是共同體，這樣公司才能不斷往前走。就像我喜歡和他們一同去爬山，在走路的過程中，是一個很好的思考狀態。緩慢的走，看著大自然四季的變化，常會引發我很多靈感。

站在山巒頂處，你才會感受到自己的渺小，就不容易被一時的得意沖昏頭。我記得在某一本書上看到過這麼一句話，「向大自然學習謙卑。」一個經營者最怕的是志得意滿，一定要時時培養自己有遠見、開放的心、包容的力。

研發與經營並行前進

十多年來，我幾乎每天七點起床，八點半進公司開始工作，直到午夜十一、二點離開公司。我將大量的時間投注在工作中，每天一睜開眼，我腦中就開始思考公司未來的營運、產品的研發與創新、各國廠商的合作計畫；還有公

2009，CAREGEN 年終派對

司內部大大小小的人事、行政等管理問題。

每當遇到難以解決的問題，我通常會自己一個人在辦公室思考，先預先設想各種方案，之後再請相關負責的員工進辦公室一起討論，每個方案的可能性與結果好壞的比較。

關於公司的經營哲學，我自己也是從新手開始慢慢學習，在漫長的過程中，當然也曾下過錯誤的決定。

「關鍵時刻的決定」這是最困難的部分，當你在經營公司，一個錯誤決策就可能會影響全盤計畫。韓文有句話叫「balibali」，就是「趕快、趕快」的意思，若是問題已經發生，我們可以採取的作為就是盡速補救，這個過程必須是非常迅速，務必要在很短的時間就趕快處理好，才能避免傷害擴大，造成不可挽救的危機。

我沒有辦法很明確的分割，我在經營公司事務上一天要花多少時間，研究又占了我多少時間，對我來說，這是一體的兩面，雖然我坐在辦公室裡，瀏覽著研究資料，但可能也同時在處理行政文件。雖然目前公司已經有五位經理人負責行政管理事務，但碰到沒辦法解決問題的時候，還是必須由我來做最後的決定。

無論是研發或是經營，每個環節我都力求親力親為，才能時時掌握公司全局，引領員工走出新方向，開創新格局。

除了永續經營，我還在思考，我要將公司帶到哪一個方向；只是人生沒有答案，我還在學，從經驗與失敗中學習。

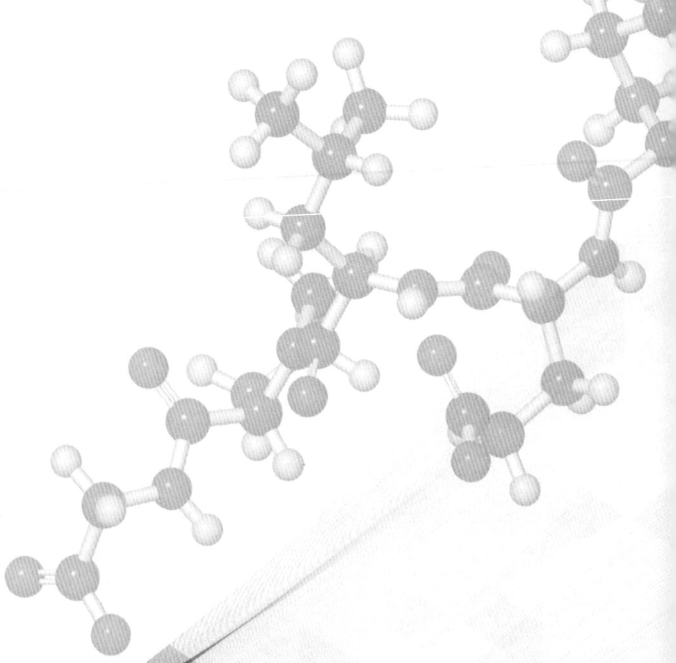

Chapter V

Latest

耗時十三年，胜肽之父最新研發生髮祕密

CAREGEN 歷經十多年的繁複研究，
成立生物基因工程與幹細胞研究中心，
匯集 45 位科學家及研發團隊的心血結晶，
研發出上百種獨特結構的醫療級胜肽，
取得 140 多種世界專利，廣泛運用於醫療、肌膚修護及健髮工程。

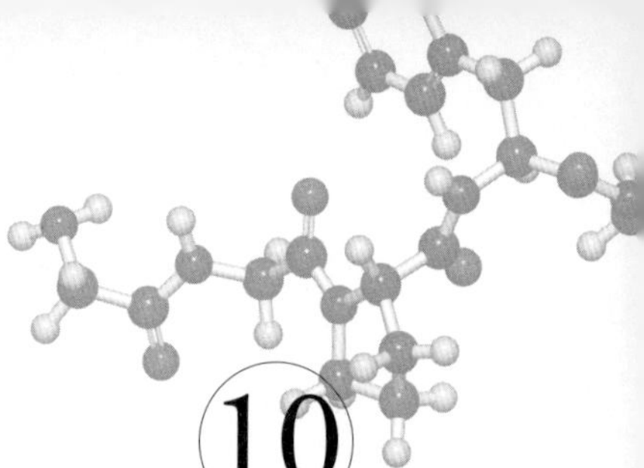

10 發現胜肽的新契機

這麼多年來，CAREGEN不斷的實驗，試圖找出不同胜肽與細胞結合所產生各種不同反應機制，希望能讓胜肽幫助人體往更好、更年輕的方向走。

CAREGEN 創立至今，我們的研發團隊做的一切努力，讓我們在業界中站穩領先地位。從一開始生長因子的原物料供應，到後期的模擬胜肽技術，十多年來，CAREGEN 針對肌膚可能會出現的各種問題、修復或老化，CAREGEN 都有相應的產品與技術，來幫助這些問題肌膚重現健康光采。以下簡單說明我

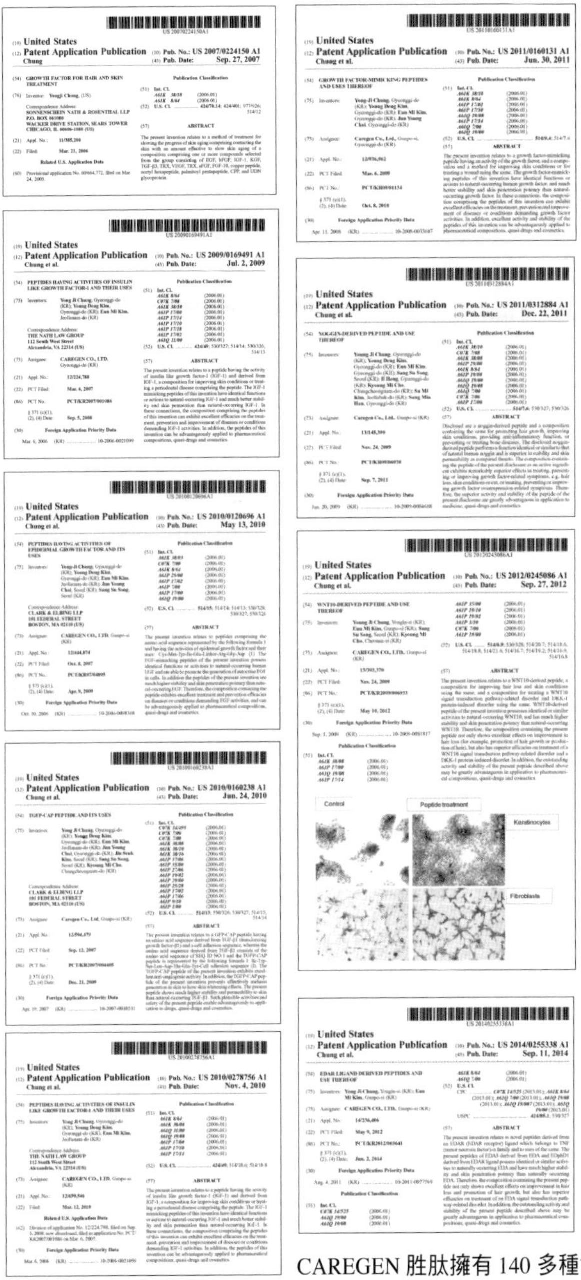

CAREGEN 胜肽擁有 140 多種世界專利

研發的專利胜肽在去斑美白、溶脂、抗發炎過敏、控油等方面的成效。

去斑美白

目前市面上一般美白產品的概念，都是從在黑色素形成前先行抑制，或當黑色素正在形成時透過其他方式干擾，讓黑色素不要繼續生長。如果已經形成的黑色素細胞，就設法避免轉移到其他角質細胞裡。我研發出的保養品則是利用不同胜肽分別去針對三個路徑做抑制功能，就可以減少黑色素產生。

溶脂

很多人關心的體重問題，只要我們一吃多，脂肪攝取超過身體所需要的量時，這些脂肪就會儲存在身體細胞內，造成身體肥胖。其實脂肪對身體很重要，是一種必須元素。

我的研究就是運用胜肽，給予多餘的脂肪下列兩種指令：一、溶解，盡量

CAREGEN 目前擁有 140 種以上世界專利，與各大廠商合作產品分佈全球各地。

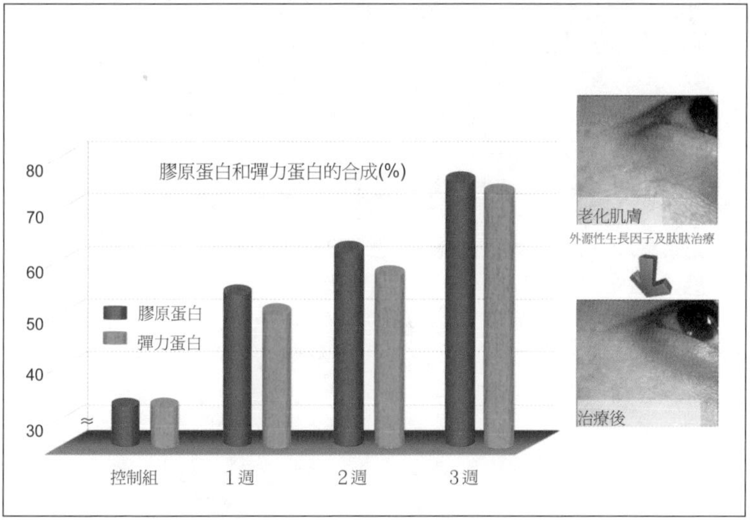

實驗證明生長因子與胜肽能增加老化肌膚的膠原蛋白及彈力蛋白。

人類臨床測試：肌膚亮白

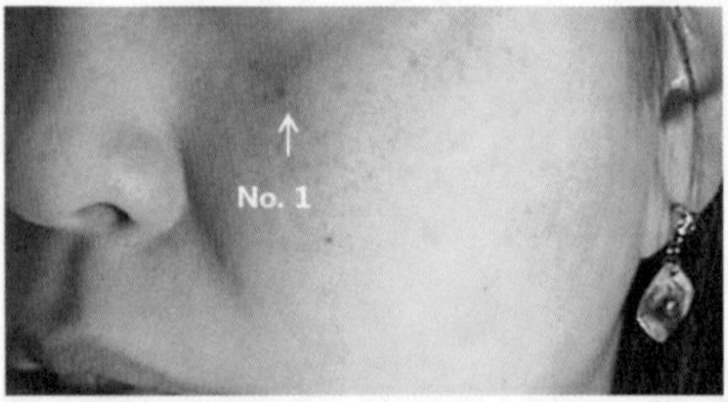

女姓
年齡: 32
治療：Mesoroller0.2毫米，第一次治療，2013年1月17日，
第二次治療，2013年1月28日。

淡化雀斑，肌膚亮白

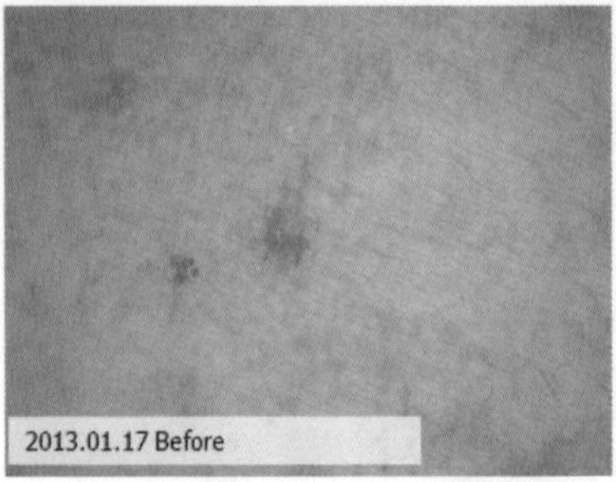

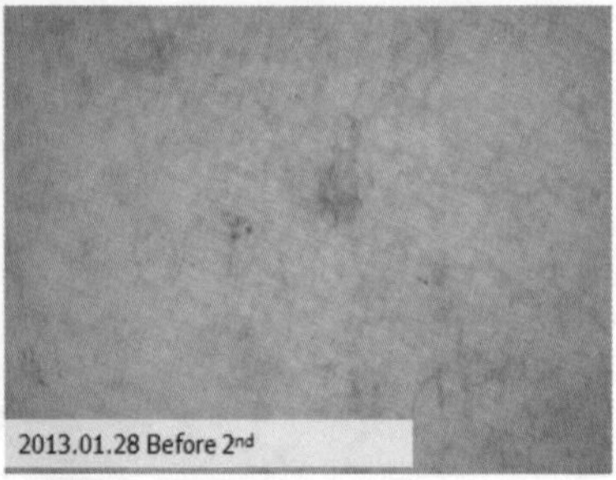

生長因子與胜肽能淡化肌膚表面雀斑，使肌膚亮白。

分解的指令。二、儲存，不要儲存的指令。

抗發炎過敏與控油

胜肽在此處就是用來降低免疫系統的敏感性，減少不必要的免疫反應產生，減少發炎及過敏的發生。

又如同其他應用方式，只要找對細胞上的開關跟路徑，並且找到適合的胜肽去結合掌控皮脂腺細胞，減少細胞分泌油脂，就能做到控油目的。

打開生髮開關、長回頭髮的關鍵祕密

這麼多年來，我不斷的想，不斷的實驗，試圖找出不同胜肽與細胞結合所產生各種不同反應機制，希望能讓胜肽幫助人體往更好、更年輕的方向走。幸運的是，我的努力並沒有白費，在許多方面已經有顯著的成果。隨著時間，我們仍不斷更新 CAREGEN 的產品與技術，希望能有更多發展。

某天我無意間看見一張大學同學會的照片，照片中一位好久不見的同學，與其他同學站在一起，大家明明一樣是四十出頭的年紀，他卻明顯讓人覺得蒼老許多。

我看著照片，想著「為什麼他看起來比別人蒼老許多」？

終於，我看出端倪，原因在於頭髮。

原來，如果頭髮稀疏，整個人會顯得老氣、沒精神啊！

這突來的想法讓我靈光一閃，我所思考的是，頭皮是皮膚的一部分，頭髮從新生到退化脫落，有固定的生長週期，當頭髮不再生長，也就代表著頭皮老化。那麼這種老化是不是也可以藉由胜肽幫助它再長回來呢？

於是我開始投入胜肽生髮的研究。但這不是一件容易的事，因為造成落髮的原因太多，為了要找到控制頭髮生成的關鍵路徑，我們設計出許多不同的實驗去判別。過程雖然困難且漫長，但最終還是讓CAREGEN的研發團隊找到了能夠打開生髮開關、長回頭髮的關鍵祕密，我們成功設計出可以改善落髮狀況的劃時代健髮產品——「DR CYJ™」。

「DR CYJ™」也讓CAREGEN開啟了一片廣大的藍海商機，因為目前的生髮市場，每年至少有千億商機，而且每年還繼續以一至二成的速度成長。而「DR CYJ™」領先群雄的超高技術，就是讓CAREGEN行銷全球一百三十多國的最大關鍵。我相信「DR CYJ™」將會引起目前生髮市場的重大改變。

頭髮老化的徵兆：大量落髮

頭髮是讓自己對外表產生自信的關鍵，可是很多人發現自己有落髮情形時，卻因為害羞或不以為意，不去尋求解決方法，直到狀況已經很嚴重的時候

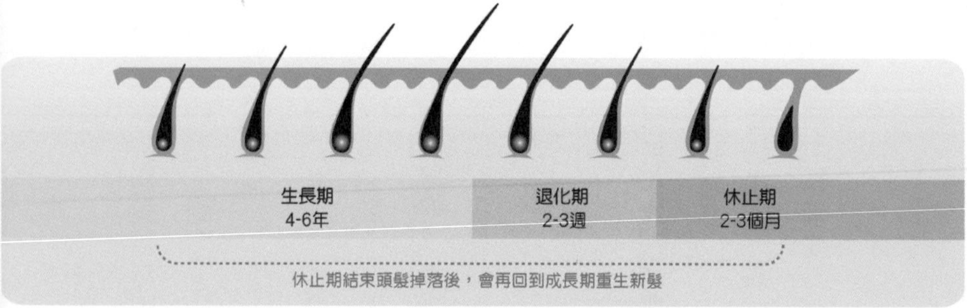

正常毛髮週期表

才尋求醫療協助，但這時卻已經失去搶救秀髮的最佳時機了。

頭髮的生長週期主要是：生長期→退化期→休止期→再生長期。人的一生中約可經歷10～20個頭髮週期。正常健康的頭皮，毛囊會長出2～3根頭髮，共約有十萬根頭髮；而這些頭髮90％處於生長期，剩下的則在休止期的狀態，到最後便會自然脫落。在一般狀況下，每天平均掉落100～200根頭髮，是屬於正常範圍。

當頭髮健康時，生長期與休止期的頭髮之間會保持自然的平衡。一旦生長週期失衡，將會導致大量頭髮提早進入脫落休止期。由於原本自然的平衡受到破壞，掉髮的速度比頭髮再生還快。

因此，治療掉髮的目標就是，恢復原本的自然平衡，並讓即將脫落的頭髮重新回到生長期。而DR CYJ ™就是在此時發揮它的作用：藉由複合活性成分配方阻止掉髮現象的產生，並刺激生髮細胞產生，使頭髮重新回到生長期，恢復頭髮的自然平衡。

有些人落髮的速度快，這可能就是因為頭髮的生長期變短，進入退化休止期。當頭髮生長趕不上落髮速度時，頭髮就會開始愈來愈稀疏，也代表著頭髮的生長週期已經在改變。

造成頭髮稀疏的各種原因

有很多人會問：「明明我還很年輕，但為什麼頭髮卻愈來愈稀疏呢？」

造成掉髮的原因有很多，男女掉髮原因也不相同，一般來說，落髮原因可分：

一、可逆性落髮（短暫）：通常是因為環境或壓力所造成的短暫落髮現象，通常只要壓力解除，或稍加輔以治療，頭髮就會重新再生。如圓形禿、壓力性落髮、產後落髮等。

二、不可逆性落髮（長期）：因某些原因導致毛囊死亡，而使頭髮無法生長。比如持久型圓形禿、雄性禿、瘢痕性禿髮。

其中，雄性禿更是目前最多禿髮患者的主要原因。這是一種遺傳性掉髮，因毛囊中的5α還原酶會將男性荷爾蒙睪固酮過量轉化為二氫睪固酮（DHT），使毛囊難以進行蛋白質合成便提前萎縮，而導致掉髮現象。

我從多年的研究中得知，無論是男性或女性，只要一發現落髮情形，就代表體內的落髮機制已經啟動，如果不及時處理，落髮問題就會愈來愈嚴重。所

短暫落髮				V.S	長期落髮	
產後落髮	壓力性落髮	瀰漫性禿髮	圓形禿	類型	瘢痕性禿髮	雄性禿
懷孕中荷爾蒙變化，讓大量生長期毛囊於產後1-4個月進入了休止期，引起落髮。	壓力造成的掉髮。	造成原因相當多，如內分泌、營養不良、藥物或局部頭皮皮膚病變..等。	與自體免疫及壓力有關。	成因	燙傷、外傷、外科手術等，使頭皮產生疤痕，造成毛囊死亡。	雄性禿是一種遺傳性的掉髮，毛囊中的5α還原酶將男性荷爾蒙睪固酮過量轉化為二氫睪固酮，二氫睪固酮會使毛囊難以進行蛋白質合成提前萎縮，導致掉髮。
・待休止期毛囊重新進入生長期，便會重新長出頭髮 ・生髮補助治療	主要原因（壓力）解除，頭髮便會自然重新長出。			治療方式	植髮	・外用藥 ・口服藥 ・保養品 ・中胚層療法 ・低能量雷射 ・植髮

以我們所能做的，就是在落髮初期時就努力強化保護毛囊，活化頭髮，讓頭髮的生長期大於休止期，使頭髮保持在良好生長狀態，才能有效延緩惱人的禿頭危機。

男性落髮分期表

落髮圖示	落髮分期說明
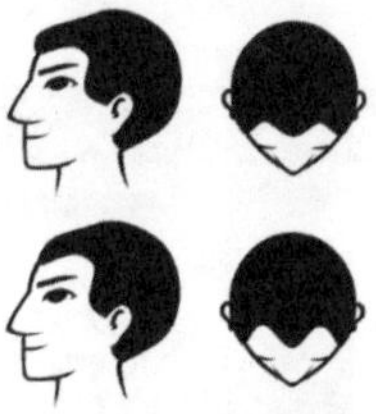	**第1-2期** 毛囊開始萎縮，前額兩側髮際線開始後退，並逐漸呈現M字型禿髮，此時為治療落髮的黃金期
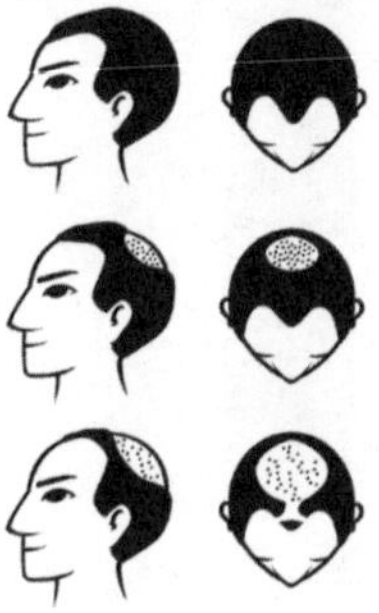	**第3-5期** 頭皮毛囊萎縮狀況持續惡化，髮際線逐漸退至耳朵甚至耳後，前額與頭頂落髮狀況越趨嚴重，應趁毛囊尚在時，積極配合醫師治療，挽救掉髮問題。
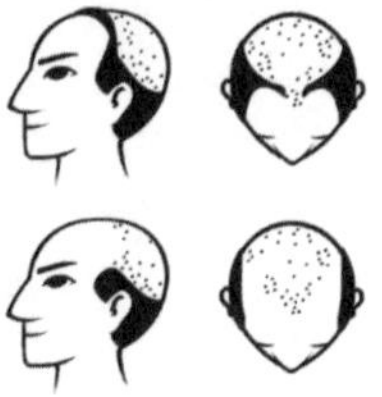	**第6-7期** 前額與頭頂幾乎無頭髮，僅兩側與枕部尚存毛髮，頭皮毛囊可能已大面積壞死，需透過植髮手術進行治療

女性落髮分期表	
落髮圖示	落髮分期說明
	**第1期** 屬於輕度落髮階段，毛囊開始萎縮，髮際分線處開始稀疏，此時為治療落髮的黃金期。
	**第2期** 屬於中度落髮階段，頭皮毛囊萎縮狀況持續惡化，髮際分線處越來越寬大稀疏。
 	**第3-4期** 屬於重度落髮階段，頭髮已嚴重稀疏，僅能透過植髮手術進行治療。

男女落髮分期表

男性雄性禿好發於二十歲之後，但雄性禿並非男性的專利。事實上，有很多女性也有禿頭的困擾，通常也是因為荷爾蒙或遺傳造成落髮現象，但大多好發於四十多歲時。而依照落髮的嚴重程度，男女分別所產生禿頭的形狀也有所不同。男性雄性禿分成七期，屬於型態型掉髮，會先從額頭兩邊 M 字型禿頭，再到地中海型禿頭，最後慢慢變成頭頂全禿。

女性則與男性相反，是先從頭頂分際線開始慢慢稀疏擴大，到最後，中間的落髮處就會愈來愈清楚，變成光禿的圓形狀。

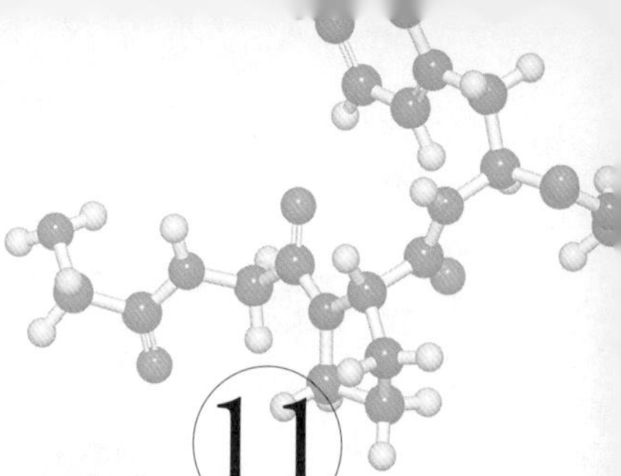

11 胜肽為鑰匙，開啟生髮的重要關鍵

從開始研發胜肽生髮至今已十三年，現在我們總共針對四個關鍵的生髮路徑，搭配七種胜肽，再搭配經皮傳導技術，讓產品可以有效的深入人體細胞，再現新生髮。

我所研發的胜肽為什麼可以精準的作用在落髮機制上，關鍵就在於找到正確生髮的路徑，再以胜肽模擬生髮再造機制，重新啟動生髮運作模式。我用較為簡單的方式說明給大家了解。

在頭髮的毛囊細胞上有許多細胞膜受器（recepter），這些不同的受器若與

生長因子 vs. 生物模擬胜肽

分子結構：蛋白質—生長因子和胜肽都是由胺基酸鏈組成的。

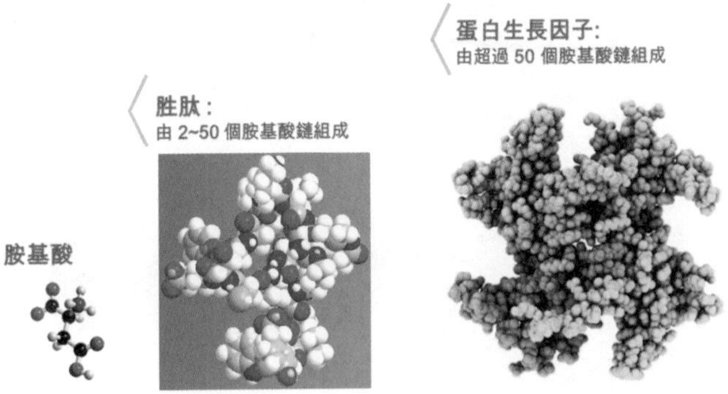

特定的配體（ligand）結合，就會產生不同的變化。比如：讓頭髮變粗、讓頭髮長得更快、更多，也有可能會使頭髮掉落。

我們可以把受器想像成是一個鎖頭，而配體就是開啟機制運作的鑰匙，想要長出頭髮，就將鑰匙插入可以讓頭髮長出來的細胞膜受器上，開啟鎖頭、打開通道；想要抑制落髮，就將鑰匙插入鎖頭並鎖起來，讓這落髮機制不要被啟動。

所以，決定哪些鎖頭被打開或關起來，就可啟動人體的生髮模

BIOMIMETIC PEPTIDES 生物模擬胜肽

生長因子分子結構過大，不容易被皮膚吸收；因此擷取小分子的高濃度模擬胜肽，同樣可以與其特定受器做結合，啟動生物訊息傳導路徑，調節各種不同生理反應。

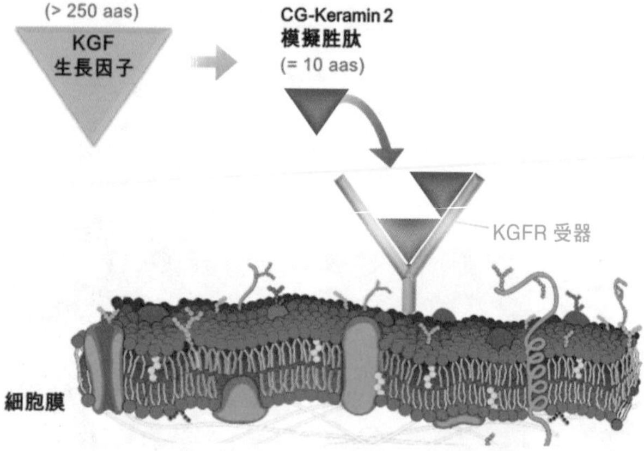

SPECIFIC REACTION 專一反應

「細胞膜與胞內存在許多不同的」Receptor 受器，與其特定生長因子結合後，傳遞各式生物訊息來啟動細胞內一系列的生物化學反應。如：表皮生長因子受器、血小板生長因子受器。

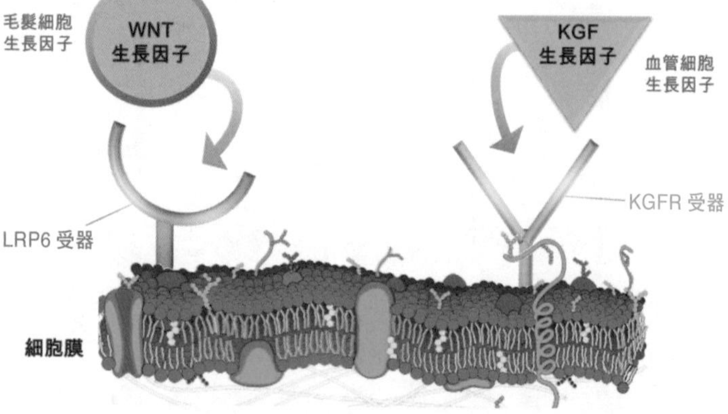

式，讓人長出頭髮，延緩頭髮休止期出現，幫助再現年輕光彩。

只是，這麼重要的鑰匙該如何製作呢？這就得依賴生長因子及胜肽了。人體細胞的最小單位是胺基酸，而生長因子和胜肽都是由許多胺基酸組成，只是胜肽的胺基酸較少，所以從比例上來看也比生長因子小得多。通常想要讓人體機制運作，就要靠生長因子（鑰匙）去接合受器（鎖頭），才能讓系統順利啟動。

在長期研究胜肽之後，我發現若是找到正確的胜肽製作成一模一樣卻較為精巧的鑰匙，或者也可以說只要吻合了原有鑰匙的刻痕，也同樣可以開啟身體機制，達到想要的作用。這種方式不但更為安全、更穩定，效果也更好。

在技術層面上，這種胜肽需要非常精細的設計，在一般研究室並不容易製作。更重要的是，這些設計出來的胜肽還要保持在高濃度、高活性狀態下，才能讓人體經由皮膚充分吸收，這些都是要經過精密研究及各種實驗才能夠開發出來的技術。而CAREGEN所擁有的就是這種優勢，可以幫助大家更有效的掌握生髮機制，使頭髮更安全自然地恢復新生。

DR CYJ™「KP7-4™」生髮的四個路徑

想要讓頭髮拒絕老化，首先要找出到底是哪些機轉在影響我們的生髮功能。剛開始我與 CAREGEN 的研究團隊專注在 WNT 及 EDAR 這兩個路徑的生髮機制上，同時持續在做動物及人體的相關試驗。

這過程十分漫長，有時我們覺得答案就要出現的當下，又發現錯誤，最後還是只能打起精神從頭再來。

有四年的時間，我們就這樣不斷研究、修正，再研究又修正，直到二〇〇六年，某天我們照例在做完實驗後，觀察胜肽作用時，得到的結果令在場的人全都嚇了一大跳。

雖然我一直知道胜肽可以代替生長因子，讓身體機制產生作用，但是當時我並不曉得胜肽可以表現到多好的程度。結果報告中，胜肽所發揮的生髮功能，遠遠超過我們想像的還要好，而且是好太多了，完全超乎所有人的預期。也就是在這個時候，我確信這個創新的研發，一定可以為生髮市場帶來極大的轉變。

二〇〇七年，CAREGEN 便推出了生髮的系列產品。

在第一個路徑研究出來後，後續其他路徑的研究相對快了許多，但我們每年還是會根據研究，再做一些成分上的調整，讓產品效果更臻完美。

從開始研發胜肽生髮至今已十三年，現在我們總共針對四個關鍵的生髮路徑，搭配七種胜肽，再搭配經皮傳導技術，讓產品可以更有效的深入人體細胞，再現新生髮。

胜肽專利技術

以下是目前我所研發出的「KP7-4™ 胜肽專利技術」，針對生髮所鎖定的四個路徑：

一、促進 KGF 路徑：抑制細胞凋亡、促進毛囊血管新生。

二、促進 WNT 路徑：促進毛髮角質細胞與幹細胞增生。生髮關鍵在於幹細胞增生，此路徑也使用兩個胜肽以促進毛髮增生。

三、促進 EDAR 路徑：促進毛囊形成及毛色生成。毛囊要健全才能使頭髮順利長出，並有足夠空間讓毛髮生長。

四、抑制 BMP4 路徑：二氫睪固酮（DHT）是造成雄性禿的最主要原因，因為 DHT 會促進 BMP4 路徑的活化，告訴身體要自動落髮，造成雄性禿。所以使用胜肽讓此受器塞住，避免「會產生雄性禿的鎖」被打開，這樣就比較不會產生掉髮。

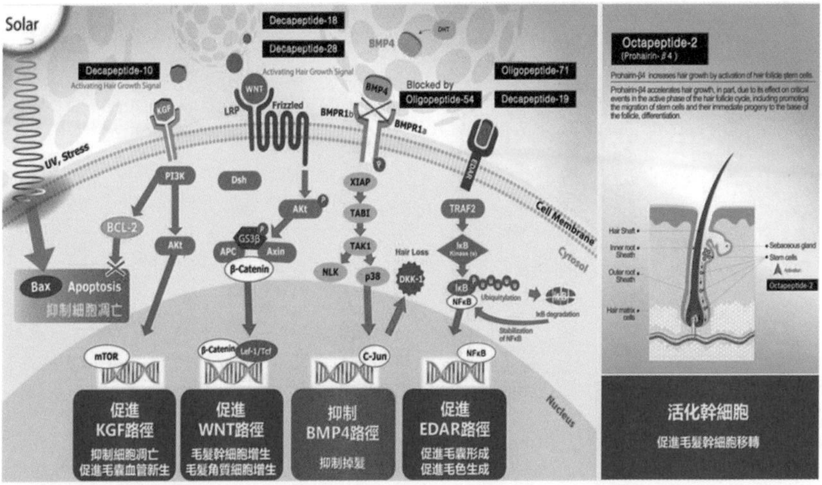

DR CYJ™「KP7-4™」的 7 個專利胜肽能效控制四大生髮傳導路徑，成功模擬生髮再造機制；全面突破生髮市場中只能單一控制生髮或落髮單一路徑的技術瓶頸。

以皮膚的結構層次來說，想將保養品做到有抗老化效果時，必須使產品深入至真皮層；想要讓毛髮可以生長，所到達的目標又比真皮層更深；如果使用在溶脂上，甚至要到達皮下組織才可以使人體確實吸收。

目前市面上所有的保養品或藥膏，其實都得透過「經皮傳導技術」讓人體吸收。而 CAREGEN 所生產的胜肽成分較為特殊，為此我特別設計開發出一套新的傳導方式，分別為「雙層包覆技術」及「PBS 緩衝液技術」，讓產品內的胜肽能較以前更大幅度的被吸收，藉此提升皮膚傳導率，加強實際效用。

除了上述四大路徑，DR CYJ™ 還加入了活化幹細胞的胜肽成分，可促進毛髮幹細胞移轉，讓血管新生，使養分能夠充分滋潤毛髮，讓頭髮更強健。若想讓即將進入休止期的毛髮再度重回生長期，只要針對上述四大路徑做適當的處置與改善，就可以抑制掉髮，產生前所未見的絕佳效果。

實驗證明，胜肽是最有力的生髮祕訣

目前市售的改善落髮產品，99％是由植物萃取原料為主的方式使頭髮生長，但並沒有確實的科學證明。除了效果，我更在乎的是 CAREGEN 產品的安全性是否在合理範圍內，我希望 CAREGEN 的產品可以經得起市場考驗，讓消費者可以安心無虞持續使用。

所以，在實驗之後，所有合成胜肽都會拿去做 HPLC（高效液相色譜法）分析，檢驗這些合成出的胜肽鏈是不是我們要的、品質跟濃度夠不夠，確認一

頂尖胜肽研發：最強科學背景

經過不斷反覆測試與人體實驗，
使用八週後可活化毛囊細胞、滋潤頭皮、強健髮根，保持頭髮健康。

安全測試

✓通過低過敏測試
✓無毒性反應測試
✓細胞相容性測試

效果測試

✓髮細胞增生測試
✓抑制DHT造成落髮細胞凋亡測試
✓毛囊血管新生測試
✓促進髮絲形成

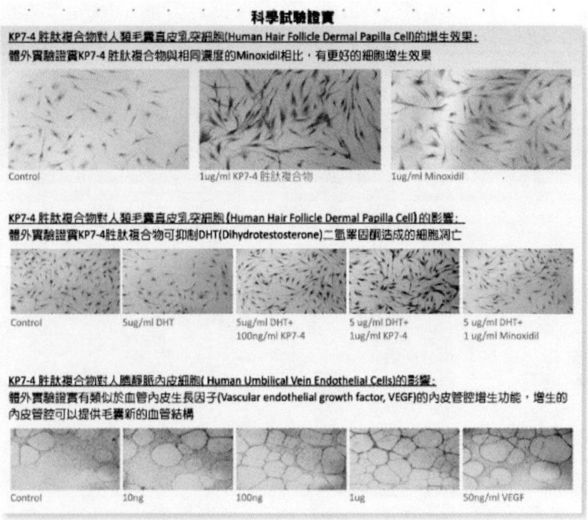

DR CYJ™ 通過多項安全及效果測試，輔以多項科學佐證，讓消費者安心使用。

切數值皆在標準數據內，才進行動物及人體實驗，做進一步證實效用。

DR CYJ™在德國、美國、加拿大等地，都有做過大規模的人體試驗，徹底檢測實際效用，絕對可以放心使用。

在臨床試驗上，確認有無生髮效果的重點有三項：

一、頭髮密度：檢測頭髮數目是否變比較多。

二、頭髮是否變粗：變粗代表髮質更強健，也就不易掉落。

三、頭髮生長速率：持續加快時，就能延長頭髮生長期，減緩掉髮速度。

只要符合上述三項標準，就是有效的生髮方式。

研究發現，一般有落髮危機的人，如果不做處理的話，經過八十五天後，頭髮就會愈來愈少，所以一發現有掉髮情形，就應該立即做處置。這過程需要長久治療來改善，才能將頭髮重新導回健康生長期的頻率。想保持毛髮健壯，

人體臨床實驗檢測報告—TRICOSCAN 分析

使用 KP4-3 胜肽複合物 85 日後，毛髮密度與毛髮粗細均大幅成長

A：KP4-3 胜肽

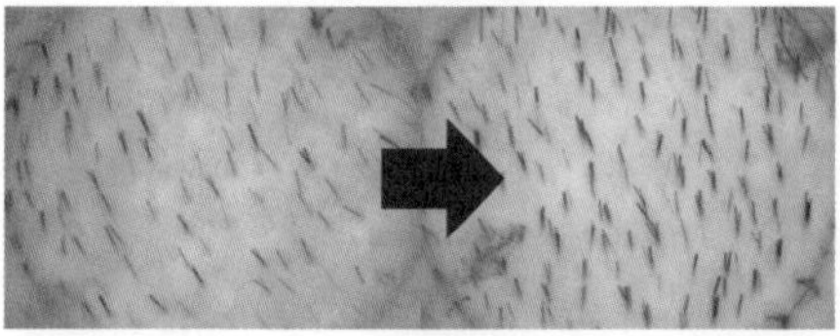

Day 1 Day 85

B：安慰劑

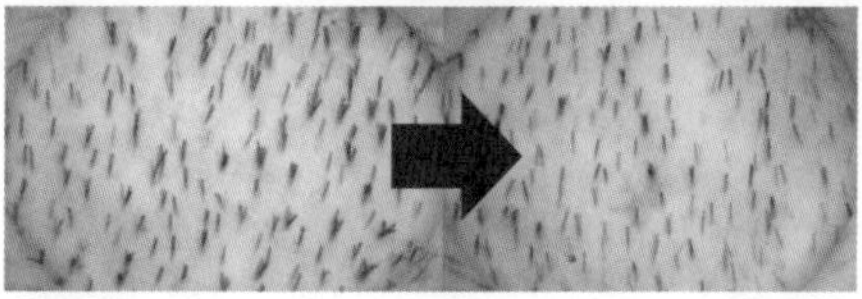

Day 1 Day 85

Subject no.27 73歲 男性	A after 85 days (%)	B after 85 days (%)
Number of Hairs	12.8	-25
Hair density (1/㎠)	12.8	-25
Hair thickness (1/㎠)	6.3	3.8
Hair growth rate	19	-12.5
Rate of Anagen	6.3	3.8
Rate of Telogen	-27	-17

DR CYJ™ 產品由德國 pro DERM 臨床試驗，在落髮 Hair Loss & Alopecia 相關產品通過 CE1023 與 ISO13485 雙認證，並且通過低過敏、無毒性反應、細胞相容性三項安全測試，讓患者能使用的更加安全有保障。

是一輩子的事，若發現有落髮情形，只能利用各種方式減緩落髮速度，顧好毛髮，減緩落髮情形，將頭髮生長週期保持在好的狀態，並且持續強韌毛髮，就能停留在年輕狀態。

但是，前面說過雄性禿是屬於不可逆落髮，也就是只要這個身體機制被啟動，最後就是頭髮掉光。若是停止治療，身體將會慢慢退化，最後一樣會造成禿頭。以目前技術來說，如果已經有禿頭現象的人，並沒有方法是針對落髮永遠有效的生髮。

12 以我為名的「DR CYJ™」胜髮品牌

「DR CYJ™」就是我研究多年的傑作，我把我自己的名字用在產品上，就是要讓大家知道，這是我的發明，也是我至今最大的驕傲。我相信「DR CYJ™」將會引起目前生髮市場的重大改變。

通常發現有落髮情形時，一般在醫生建議下，都會選擇外用藥（生髮水）及口服藥（可抑制二氫睪固酮生成）兩個層面進行，但是成功機率大概只有五成左右。但無論是使用哪種方式，都會產生副作用，而且對於有落髮困擾的女性來說，並不適合服用口服藥，使用外用藥的效果也不太好。所以無論是哪種方式，效果都不及DR CYJ™來得全面。

DR CYJ™有區分為家用系列及Professional醫療級療程。Professional系列使用於診所內治療。療程是在頭皮上用細微滾針（治療深度0.2~0.5mm），將機能複合液順利帶入頭髮深層，讓複合性活性胜肽可以更滲透至毛囊生長層，以促進毛髮生長。

這個療程適合的對象是雄性禿男性1~5期，女性1~4期的需求者；若已經採取植髮的人，也可以配合使用產品，鞏固其他尚未掉落的毛髮，並強健新植上去的毛髮，讓頭髮保持在最佳狀態。

療程時所使用的生髮產品，則可分成兩部分：

一、胜肽粉末：採真空無菌包裝。事實上，乾燥狀態是保存胜肽活性最好的方式。最好的使用方式是等到需要用時，再用搭配液體將其混和，以保持最高效用。

二、傳導液：與經皮傳導技術有關。由於傳導液經過特殊設計，可協助混和胜肽，所以傳導效率會比普通產品表現來得好。

此外，CAREAGE 也開發家用型產品，分成養髮液、洗髮精及護髮素，雖然胜肽數較少，濃度也較專業版低，但與市售其他健髮產品相較仍有效安全得多。不管你現在是處於哪一時期的落髮，只要搭配療程，持續使用，即可明顯延緩落髮現象，而且過程來得更為簡單、安全又輕鬆。

不斷創新，才能使產品走出獨特性

我所創造出的商品 DR CYJ™，正代表著我自己：完美、無懈可擊。

DR CYJ™ 是市面上第一個無副作用、無藥物、又證實有效的胜肽生髮產品。如前面說的，當初會將胜肽往生髮產品方面研發，完全是我個人的想法。

TRANSDERMAL DELIVERY SYSTEM 經皮傳導系統

Double-layered Encapsulation Technology 雙層包覆技術：小於細胞間隙的奈米微脂體 Nano-Capsule 雙層包覆活性成分，使其完整滲透至肌膚內層外，更保護活性成分，避免被內生性蛋白水解酶所分解失去效用。

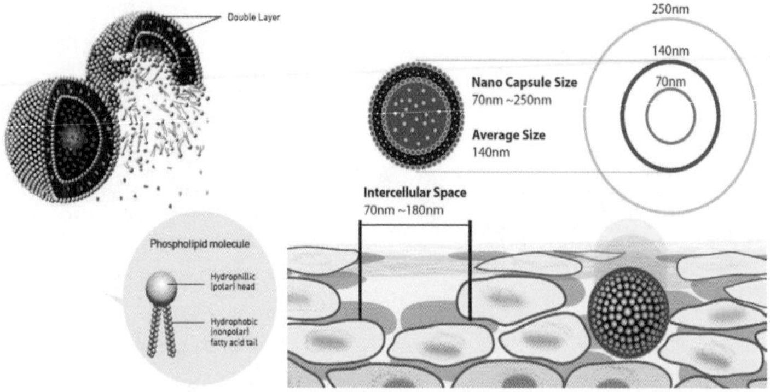

TRANSDERMAL DELIVERY SYSTEM 經皮傳導系統

Professional 系列採用 PBS 高效經皮傳導液，可使活性胜肽完整滲透真皮層。

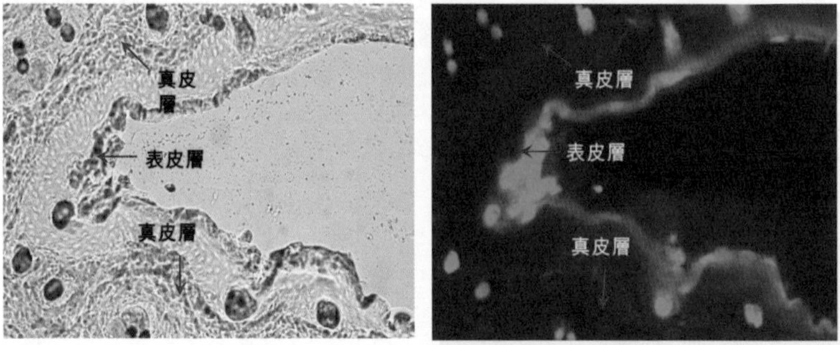

FITC螢光染劑標示由奈米微脂體所包覆的活性胜肽成份

右圖老鼠皮膚的橫截圖中可觀察到滲透至真皮層的綠色螢光

到現在，我也仍然驚訝於它的效果這麼好，實在是我始料未及。我自己的員工也曾做過一次療程，實驗之後，他的頭皮不只長了小細毛，還變粗了。雖然禿頭的區塊還沒長出頭髮，但計畫讓他再做八個療程，相信慢慢就會看到更大的改變。

即便 **DR CYJ™** 已經如此獨特，但我們還在繼續補強它，使用更好的胜肽，希望再找到更多關於頭髮生長的路徑，讓產品變得更全面，更無懈可擊。比如突破植髮的領域，據研究，目前雄性禿6～7期的男性，只能依靠植髮讓頭髮重新生長。但是植髮的工程非常浩大，而且植髮的方式是取健康的頭皮移植到已死亡的頭皮，即使有效，也只能進行一兩次的手術過程。

目前有皮膚幹細胞研究，可以讓人不需經過植髮，讓頭髮重新生長。這個研究非常吸引我，因為我生產產品的最終目的，就是讓所有有落髮困擾的人，都能用安全又有效的方式使頭髮恢復新生。

在這麼多年的研究歷程，我發現只要不斷測試、不斷更新，就能使產品效果愈來愈好。只要找對開關，讓胜肽在人體產生效用，就能讓身體所有細胞盡量保持在最好狀態。同時要不斷創新，才能使產品走出獨特性，也才能突破困境，使公司邁向另一個更大的領域。

Chapter VI

Future

好還要更好，永遠在追求進步

CAREGEN 是由「CARE」+「GENE」兩個英文單字而來。
GENE 是基因（DNA），它代表著人類最小單位的組成。
CAREGEN 想傳達的是，關心每一個人。
這是我人生最大的願望，也是我一直在努力不懈的目標。
我熱愛我的生活、我的工作，CAREGEN 是我的一切，
開創事業是我一生中最辛苦，也是令我感到最滿足的事。

13 耐心成就一切

從過程中不斷挖掘自己隱藏的能力，不但是一件有趣的事，且更能從中不斷累積成就感與自信心。

「Patience can change anything」，這句話一直是我的座右銘。我認為無論天生資質優劣，耐心真的很重要，耐心可以成就一切；就像寓言故事「龜兔賽跑」，最後並不是腳程快的兔子贏，而是有耐心且不放棄的烏龜逆轉勝。

我並不是一個安於現況的人，即便目前事業已有所成就，我還是積極地在生物分子這塊領域上做更多研究，希望能有更多作為，為了改變人類社會而盡自己最大的力量。

我的想法每天都在改變，每天都在想新的點子、新的挑戰、新的目標，而且我所接受的挑戰，都是很瘋狂、很困難的；就像小時候我總是會藉由不斷練習來打倒心中巨大的惡魔，讓自己有所突破。我有時候會覺得我的人生就像是一場生存遊戲，為了在這個惡劣的環境下求生存，我不斷靠著求生意志讓自己的身心靈變得更強大。愈是在逆境下，才愈能發現潛藏在身體內的能力是如此具有爆發力；就跟胜肽一樣，一定要在每次的實驗中，靠著不斷設計塑型，才能蒐集到各種開發細胞的鑰匙。

我對自己是一個很嚴格的人，只要下定決心的事，我就會一股腦兒地做下去，發現方向不對時再修正，邊走邊調整自己的腳步，一定要做到「最好」。即使已經拿到第一，還是不會「滿意」自己。好，一定還可以再更好。

但「更好」之後，我又會去追尋另一個更高的目標。蘋果電腦的創辦人賈伯斯也曾說過，「別專注在美好的事情上太久，要不斷找尋目標。」

我想分享給大家的是，從過程中不斷挖掘自己隱藏的能力，不但是一件有趣的事，且更能從中不斷累積成就感與自信心。

藥品新事業展望

CAREGEN的產品是研發與創新而來的，當公司擴展到一個規模時，想要再壯大，無可避免的就需要更多的資金挹注進來，才能做更多的產品研究與開發；也就是需要有其他公司的加入。

我預計明年（二〇一五）要將CAREGEN在韓國IPO（公開募股，Initial Public Offerings），在韓國，許多要公開募股的公司，大多會積極尋求外來企業進行投資或增資，當資本壯大後，公司的發展性及前途才能更好，也才能做更多更大膽的不同嘗試。也就是說，讓公司快速成長的最簡單方法，只要找很多銀行或企業家來募資。可是對我來說，這樣並不是自己公司努力得來的，是靠別人達成的。

雖然我的目標是公司規模愈做愈大，但我想要的合作夥伴，並不是對方是否勢力龐大，有沒有居於領先地位、擁有足夠資金；我所看重的是，我們是不是對未來有共識，並站在信任的基礎上，一起做好這個事業。

我一直很相信CAREGEN的潛力，就算有很多廠商來找我洽談，但是我一直不願意任何企業或公司併進來，因為我想靠著自己的力量，讓CAREGEN成為韓國第一家上市公司而無任何外資的企業。

而這個願望幸運的在今年（二〇一四）就達成了，CAREGEN一躍成為擁有台幣三百億身價的生技公司。在這當中，我只跟台灣佳醫集團合作，雖然他們的資金不能跟龐大的歐美等大企業的外資比擬，但是他們與我所認識的生意人不太一樣。他們非常懂得市場行銷，也很積極去賣產品，盡力做到最好。

我清楚地知道 CAREGEN 產品的特殊之處，可是確切機制的說明太過於學術，總是很難解釋清楚；然而佳醫集團相信 CAREGEN 產品的優勢。對我來說，這是一種很強大的夥伴情誼，讓我可以很放心和他們合作。

在更多資金的挹注下，未來在業界中，CAREGEN 一定能創造出更多不同遠景與契機。我非常欣賞蘋果公司創辦人賈伯斯，因為他一直致力於創造出最好的商品，改變人類的使用習慣，也可以說是我想達成的目標典範之一。我跟他一樣，可以非常有自信地跟別人說 CAREGEN 產品是最棒的，所以我創造了 DR CYJ™，將自己的名字放在品牌上，絲毫不害怕被放大檢視。

接下來，CAREGEN 除了將現有產品版圖繼續向國際擴張外，同時往新領域發展；像是用胜肽為主，開發適合骨頭、關節炎、鼻子等相關的藥品。並預計在明年（二〇一五）二月時，針對關節炎患者，推出以注射方式治療其疾病。

我希望我可以藉此產品，成功跨足藥品類市場，為這些被疾病所苦的患者們，找出最有效且合理的治療方式。

　　這就是我一直以來努力的目標，不斷嘗試，不斷創新，讓CAREGEN的產品更加貼近、親和大眾並被廣泛運用。

健髮問題大公開

Q：**我是落髮的高危險群嗎？**

A：造成落髮的原因很多，通常與壓力、飲食生活、甚至是內分泌等都有關係，一般可分為「可逆性落髮」與「不可逆性落髮」。不可逆性落髮多為基因遺傳的問題，所以如果家人有禿頭現象，最好要多注意是否有落髮問題。

Q：**當異常掉髮發生時，該怎麼辦？**

A：出現有異常掉髮時，先不要過於緊張，因有些小量掉髮還在頭髮正常的落髮範圍。如果掉髮量持續增多，建議先找專業醫師進行診斷，找出掉髮的原因，再依醫生指示，進行適當的治療。

Q：禿頭情況已經超過三年，還有救嗎？

A：首先應該要先了解自身的禿頭情形，是處在落髮第幾期，只要男性在落髮分期表第四期前，女性在第二期前（參考 p106-107 頁），都有機會透過 DR CYJ™ 療程讓頭髮再次新生。若是醫師判斷需要植髮的嚴重落髮患者，在植髮後也可以搭配使用 DR CYJ™，幫助頭髮生成，提升植髮效果。以目前的技術來說，只要不是毛囊完全死亡，都可以透過不同的治療方式，促進頭髮生長。

Q：使用胜肽生髮，需要多時間才看得到效果？

A：以 DR CYJ™ 療程來說，一個完整療程需要為時三個月的時間。經過測試，大部分的實驗者在八週療程後，毛囊及頭髮生成皆有改善。只要持續進行療程，平時居家多注意頭髮的照護，生髮的效果就會愈來愈明顯。

Q：誰適合 DR CYJ™ 家用產品？

A：DR CYJ™ 家用品屬於低刺激性，適合所有頭皮及髮質。而 DRCYJ™ 家用品系列中的維生素及天然植物精華成分，更適合頭髮稀疏的人，為毛髮提供營養，強化髮質，並促進血管流動，抑制掉髮，幫助秀髮再生，使頭皮跟頭髮保持在最佳的健康亮麗狀態。

國家圖書館出版品預行編目資料

用胜肽拚出300億身價：韓國生髮權威DR CYJ的研發終極密碼
/ 鄭鎔池著. -- 初版. -- 臺北市：商周出版：家庭傳媒城邦分公司發行, 2014.12
面； 公分. -- (View point ; 79)
ISBN 978-986-272-717-1(平裝)

1.鄭鎔池 2.傳記 3.創業 4.韓國

783.28 103024511

View Point 79

用胜肽拚出300億身價：韓國生髮權威DR CYJ的研發終極密碼

作　　者／DR CYJ（鄭鎔池）
採訪文字整理／李雅如、曜亞國際股份有限公司
圖片提供／曜亞國際股份有限公司
企劃選書／彭子宸
責任編輯／彭子宸

版　　權／翁靜如
行銷業務／張媖茜、黃崇華
總 編 輯／黃靖卉
總 經 理／彭之琬
發 行 人／何飛鵬
法律顧問／台英國際商務法律事務所 羅明通律師
出　　版／商周出版
台北市104民生東路二段141號9樓
電話：(02) 25007008 傳真：(02)25007759
E-mail：bwp.service@cite.com.tw
Blog：http://bwp25007008.pixnet.net/blog
發　　行／英屬蓋曼群島商家庭傳媒股份有限公司 城邦分公司
台北市中山區民生東路二段141號2樓
書虫客服服務專線：02-25007718；25007719
24 小時傳真專線：02-25001990；25001991
服務時間：週一至週五上午 09:30-12:00；下午 13:30-17:00
劃撥帳號：19863813；戶名：書虫股份有限公司
讀者服務信箱：service@readingclub.com.tw
城邦讀書花園：www.cite.com.tw
香港發行所／城邦（香港）出版集團有限公司
香港灣仔駱克道193號東超商業中心1樓；E-mail：hkcite@biznetvigator.com
電話：(852) 25086231 傳真：(852) 25789337
馬新發行所／城邦（馬新）出版集團 [Cite (M) Sdn. Bhd]
41, Jalan Radin Anum, Bandar Baru Sri Petaling, 57000 Kuala Lumpur, Malaysia.
Tel: (603) 90578822 Fax: (603) 90576622 Email: cite@cite.com.my

封面設計／張燕儀
排　　版／極翔企業有限公司
印　　刷／中原造像股份有限公司
總 經 銷／高見文化行銷股份有限公司 新北市樹林區佳園路二段70-1號
電話：(02)2668-9005 傳真：(02)2668-9790 客服專線：0800-055-365

■2014年12月18日初版
■2015年 1 月23日初版3.5刷

Printed in Taiwan

定價240元

城邦讀書花園
www.cite.com.tw

 ISBN 978-986-272-717-1

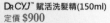

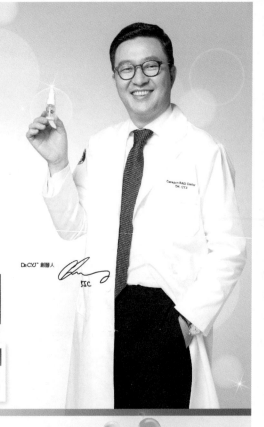